Manual de Piano

Autor: Byron Hernández

Manual de Piano
Primera Edición: 2017

Autor: Byron Hernández

Copyright © Byron Hernández

Todos los derechos reservados. Impreso en Estados Unidos de América.

Esta publicación no puede ser reproducida total ni parcialmente, ni registrado en o transmitido por un sistema de recuperación de información, en ninguna forma ni en ningún medio, ya sea electrónico o mecánico, por fotocopia, grabado o cualquier otro medio sin permiso del autor.

Indice

1- **LOS 7 TONOS DE LA SOL-FA MAYORES** 7

2- La escala del tono de Do Mayor(C) 9

El circulo de tonos de Do Mayor(C) 11

3- La escala del tono de Re Mayor(D) 13

El circulo de tonos de Re Mayor(D) 15

4- La escala del tono de Mi Mayor(E) 17

El circulo de tonos de Mi Mayor(E) 19

5-La escala del tono de Fa Mayor(F) 21

El circulo de tonos de Fa Mayor(F) 23

6-La Escala del tono de Sol Mayor(G) 25

El circulo de tonos de Sol Mayor(G) 27

7-La Escala del tono de La Mayor(A) 29

El circulo de tonos de La Mayor(A) 31

8-La Escala del tono de Si Mayor(B) 33

El circulo de tonos de Si Mayor(B) 35

9- **LOS 7 TONOS DE LA SOL-FA MENORES** 37

10- La Escala del tono de Do Menor(Cm) 39

El circulo de tonos de Do Menor(Cm) 41

11-La Escala del tono de Re Menor(Dm) 43

El circulo de tonos de Re Menor(Dm) 45

12-La Escala del tono de Mi Menor(Em) 47

El circulo de tonos de Mi Menor(Em) 49

13-La Escala del tono de Fa Menor(Fm) 51

El circulo de tonos de Fa Menor(Fm) 53

14-La Escala del tono de Sol Menor(Gm) 55

El circulo de tonos de Sol Menor(Gm) 57

15-La Escala del tono de La Menor(Am) 59

El circulo de tonos de La Menor(Am) 61

16-La Escala del tono de Si Menor(Bm) 63

El circulo de tonos de Si Menor(Bm) 65

INTRODUCCION

El presente manual está diseñado para aprender a tocar piano de manera práctica, fácil y divertirda. El curso tiene una duracion de 4 meses y su técnica consiste en el uso de las letras del alfabeto (de la A a la L) como guía para facilitar el aprendizaje.

Gracias por tomar esta importante decisión y permitirme ser tu maestro en este fascinante camino.

Atte: Byron Hernández
Autor

(1) Los 7 tonos de la SOL-FA Mayores

(Mano izquierda)   **(Mano derecha)**

1-(C)

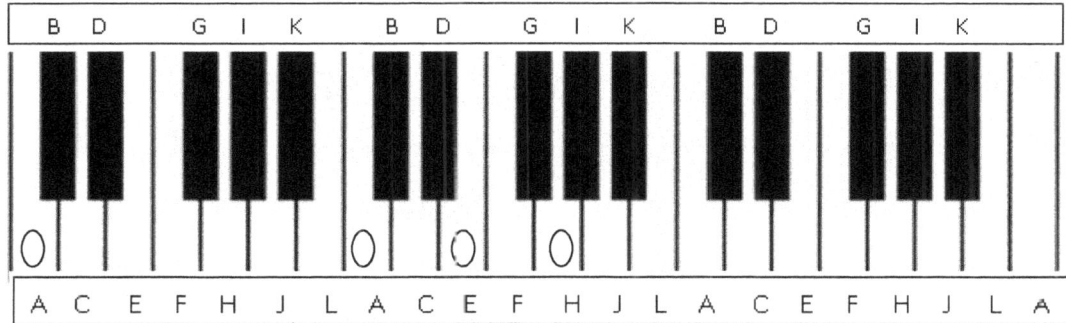

2-(D)

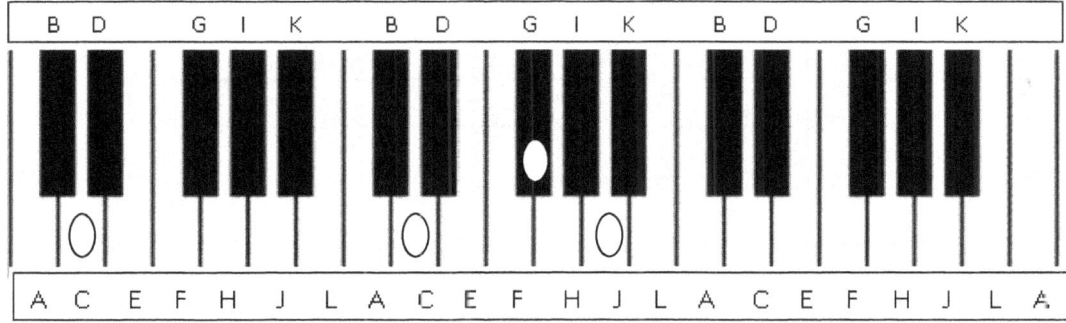

3-(E)

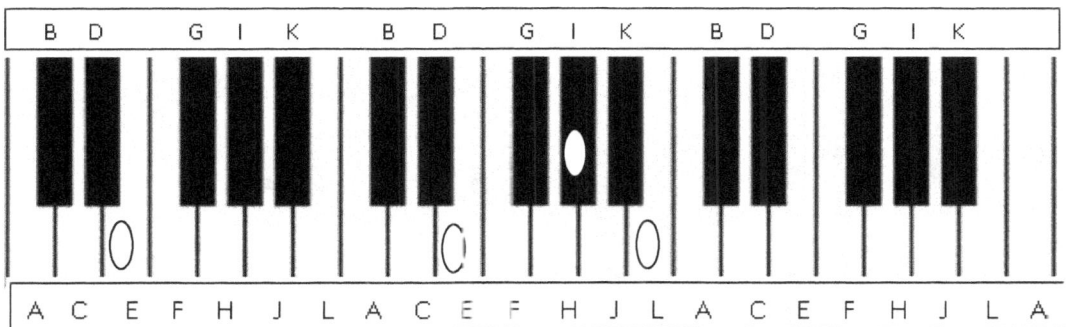

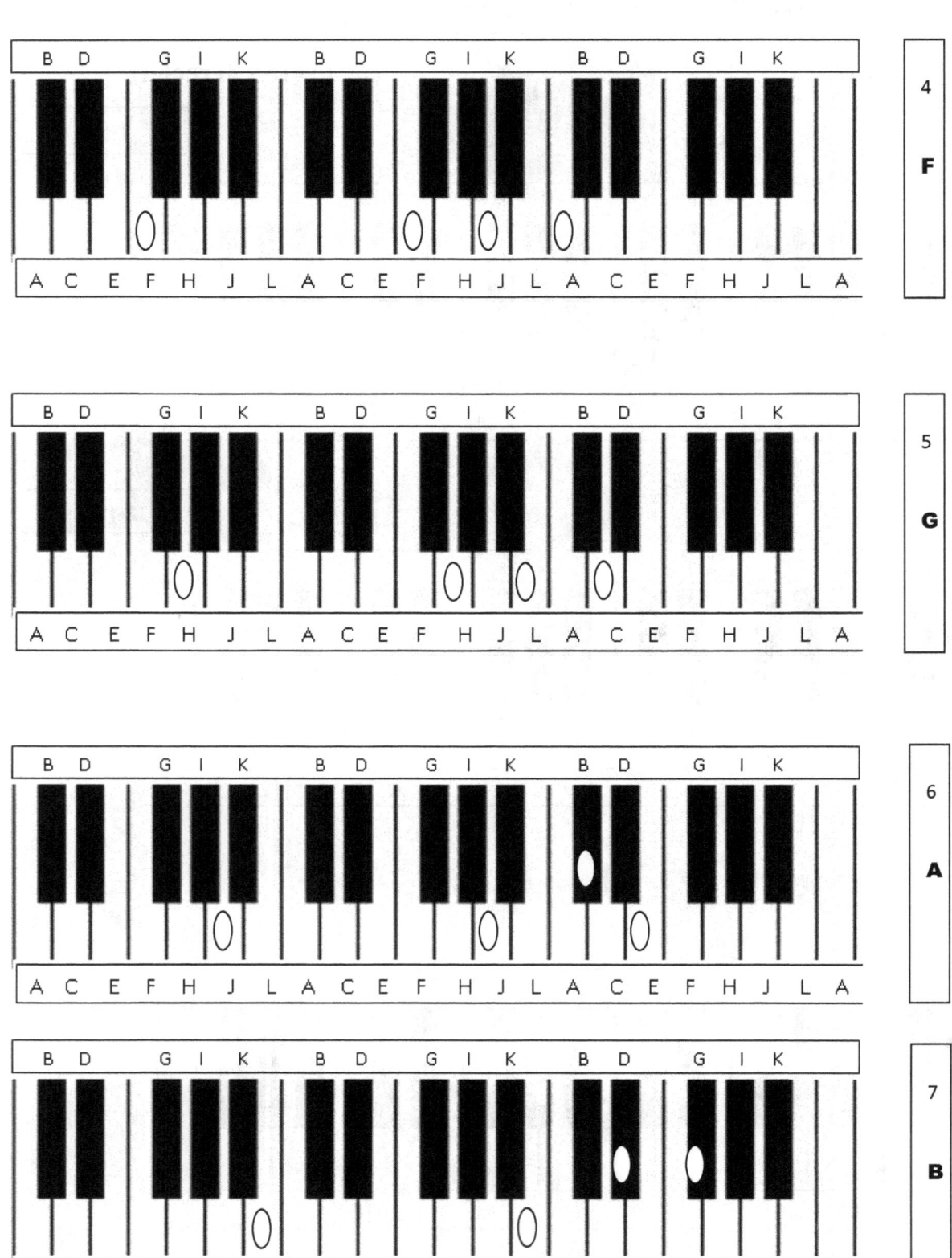

(2) La escala del tono de Do Mayor (C)

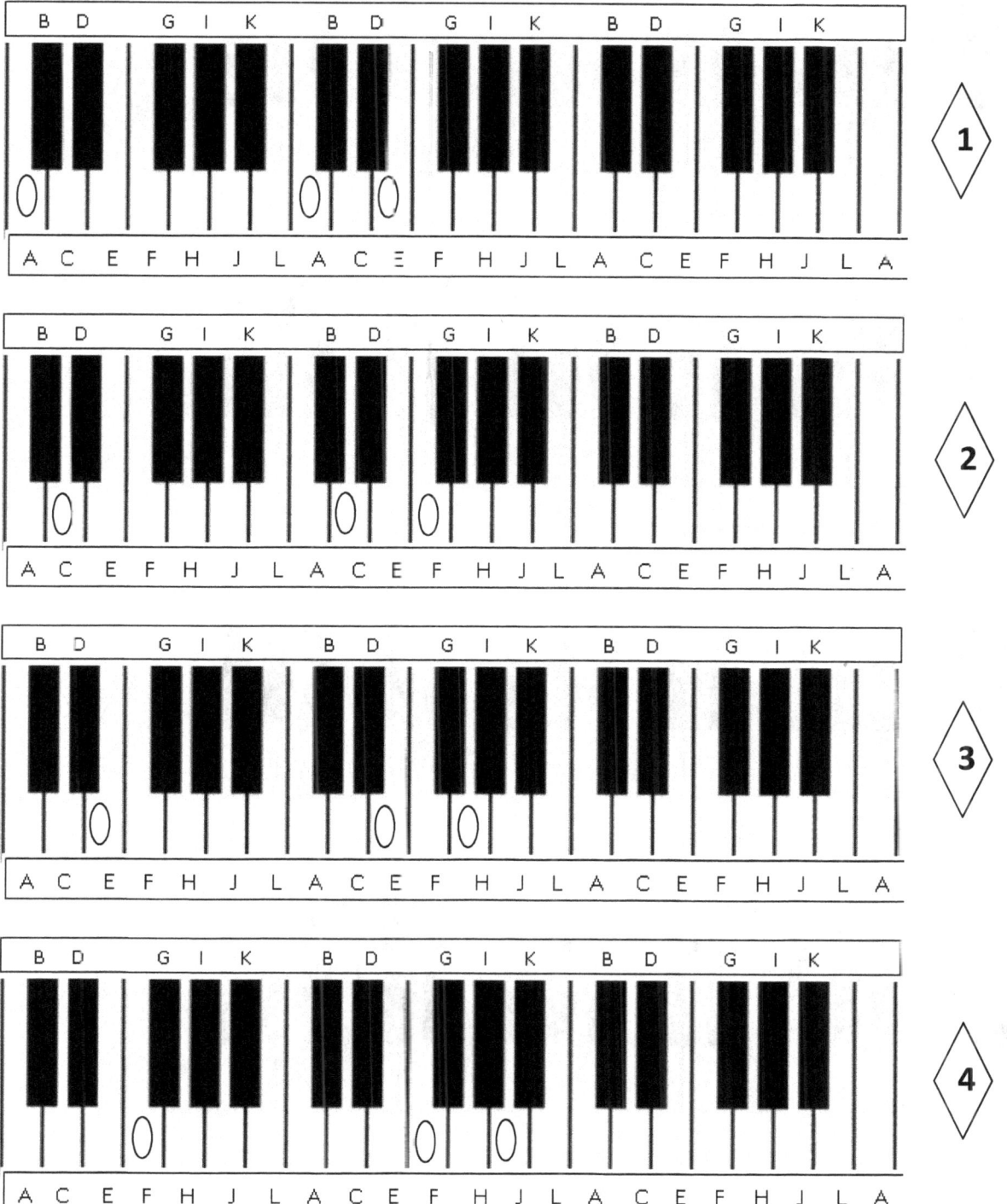

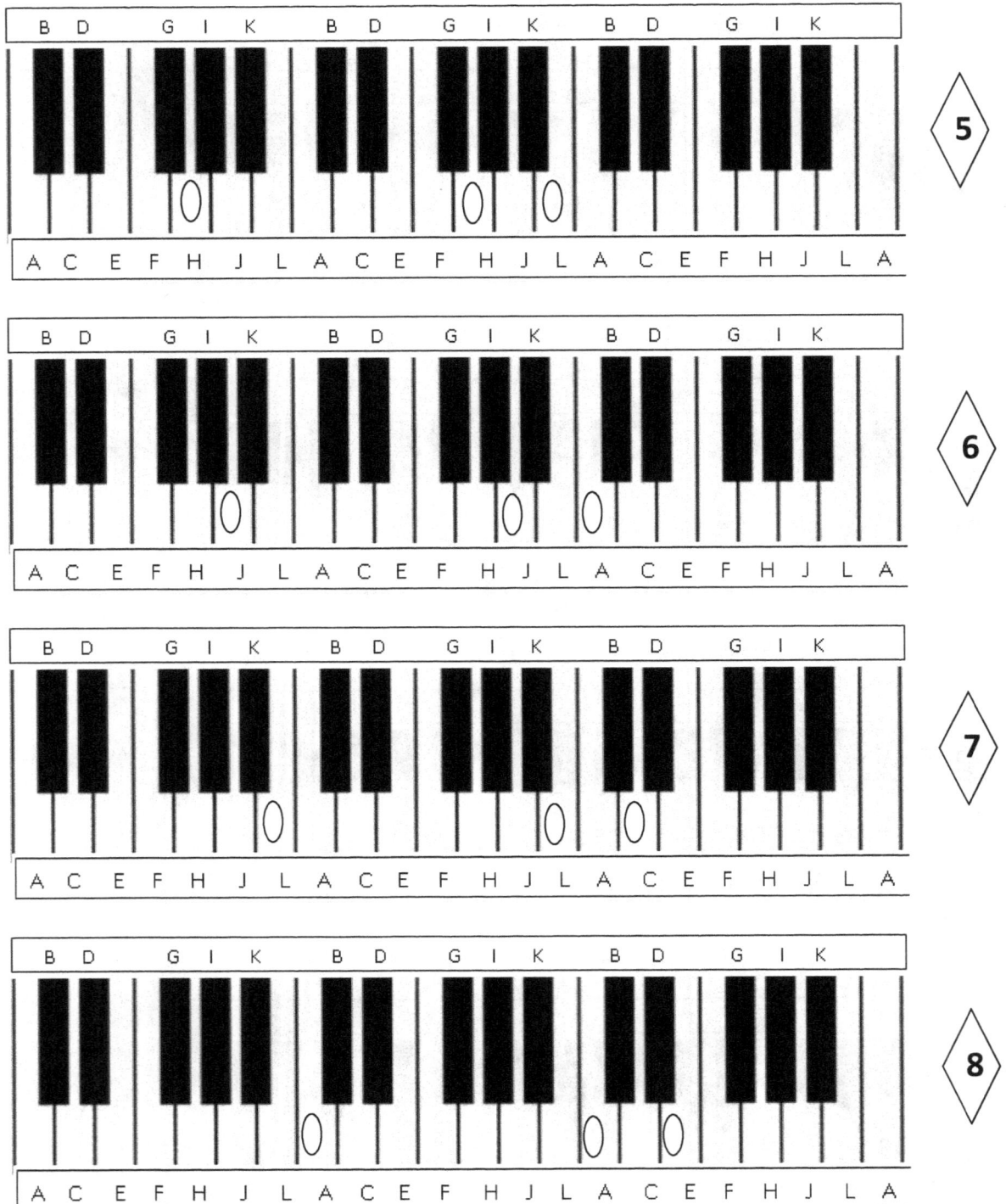

El Círculo de Tonos de **Do Mayor (C)**

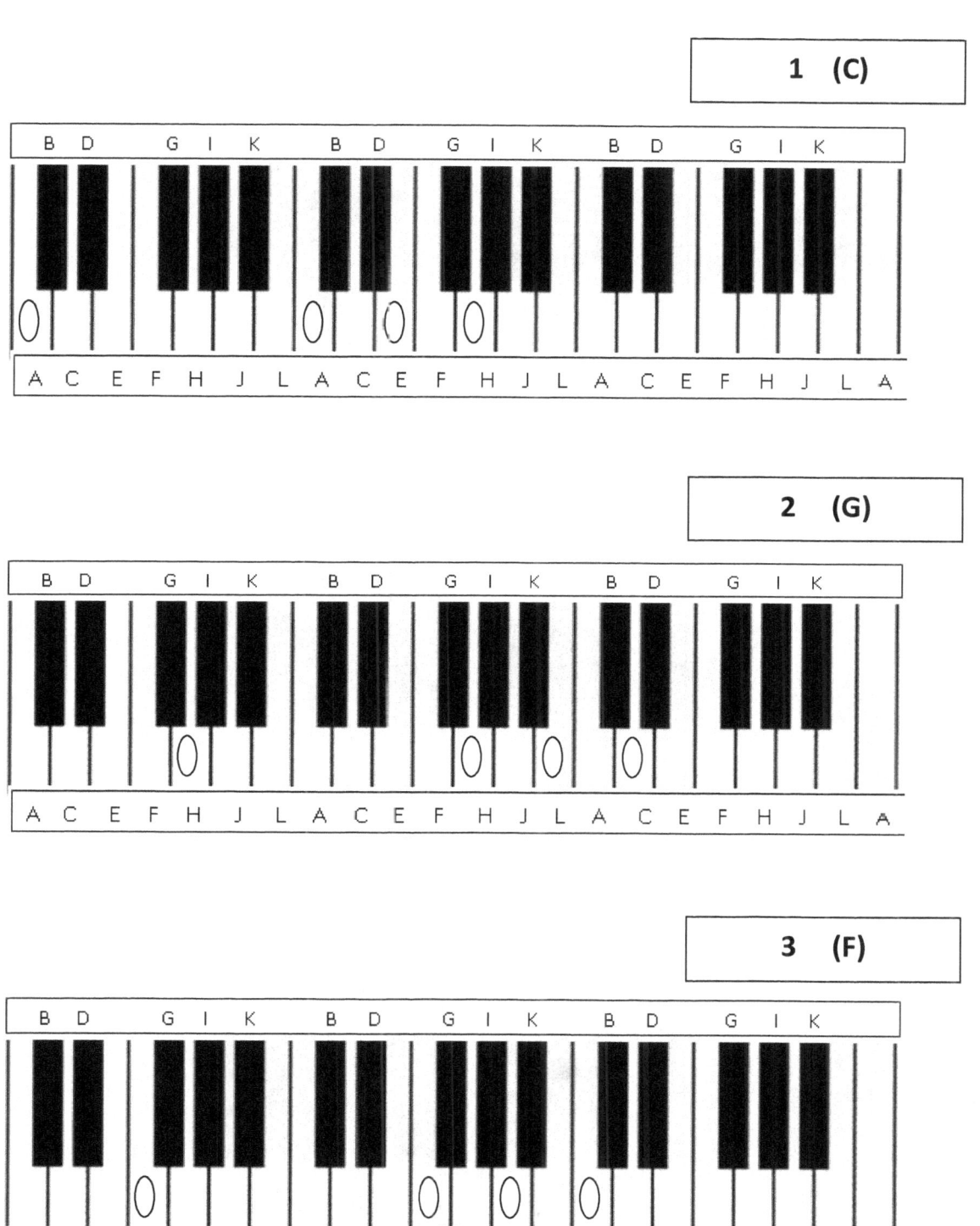

4 (Em)

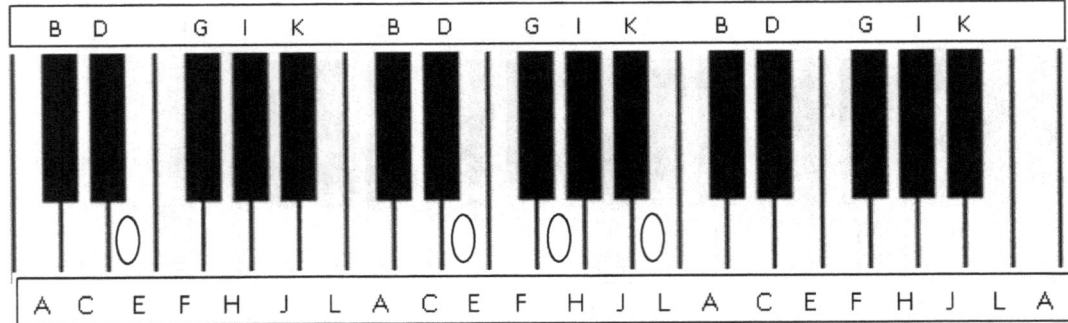

5 (Am)

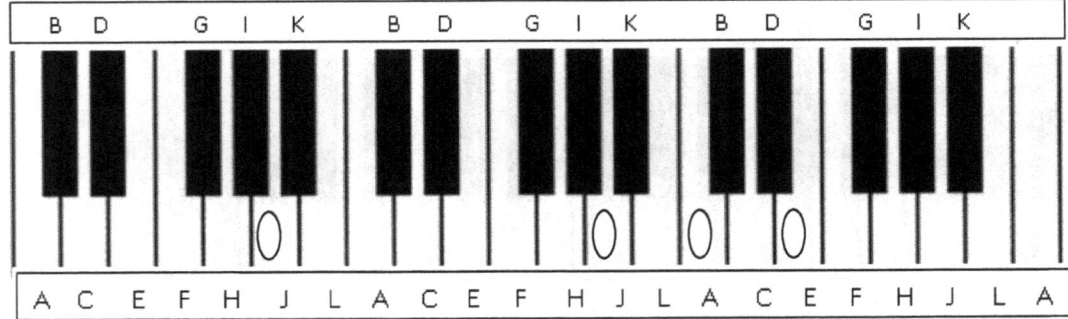

6 (Dm)

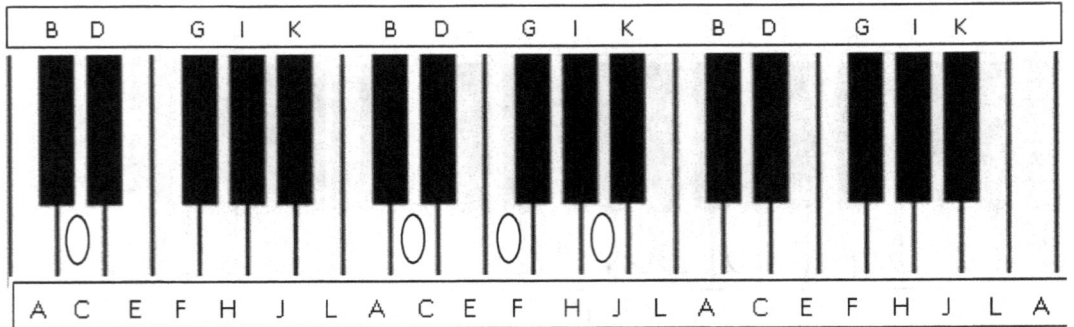

(3) La escala del tono de Re Mayor (D)

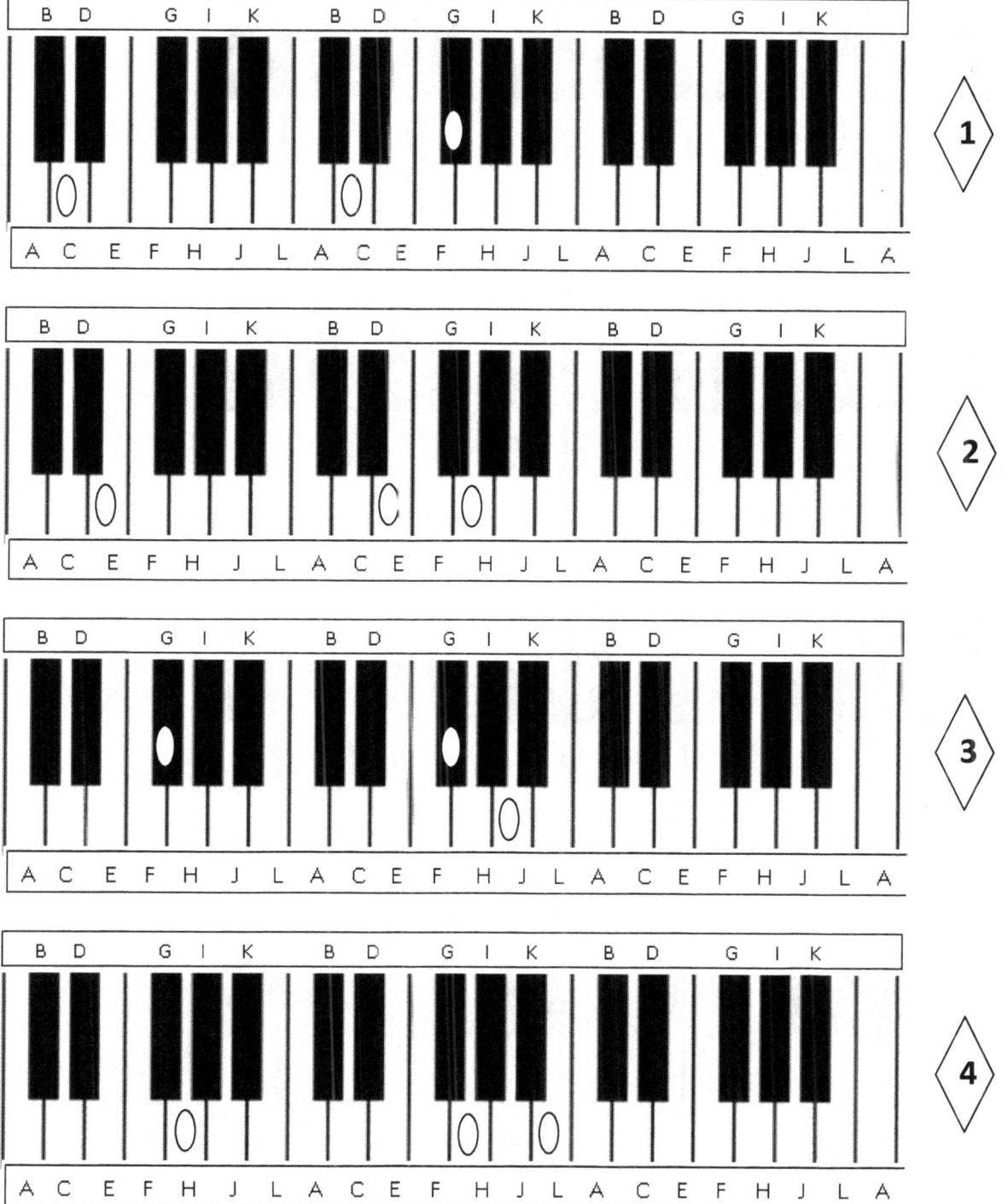

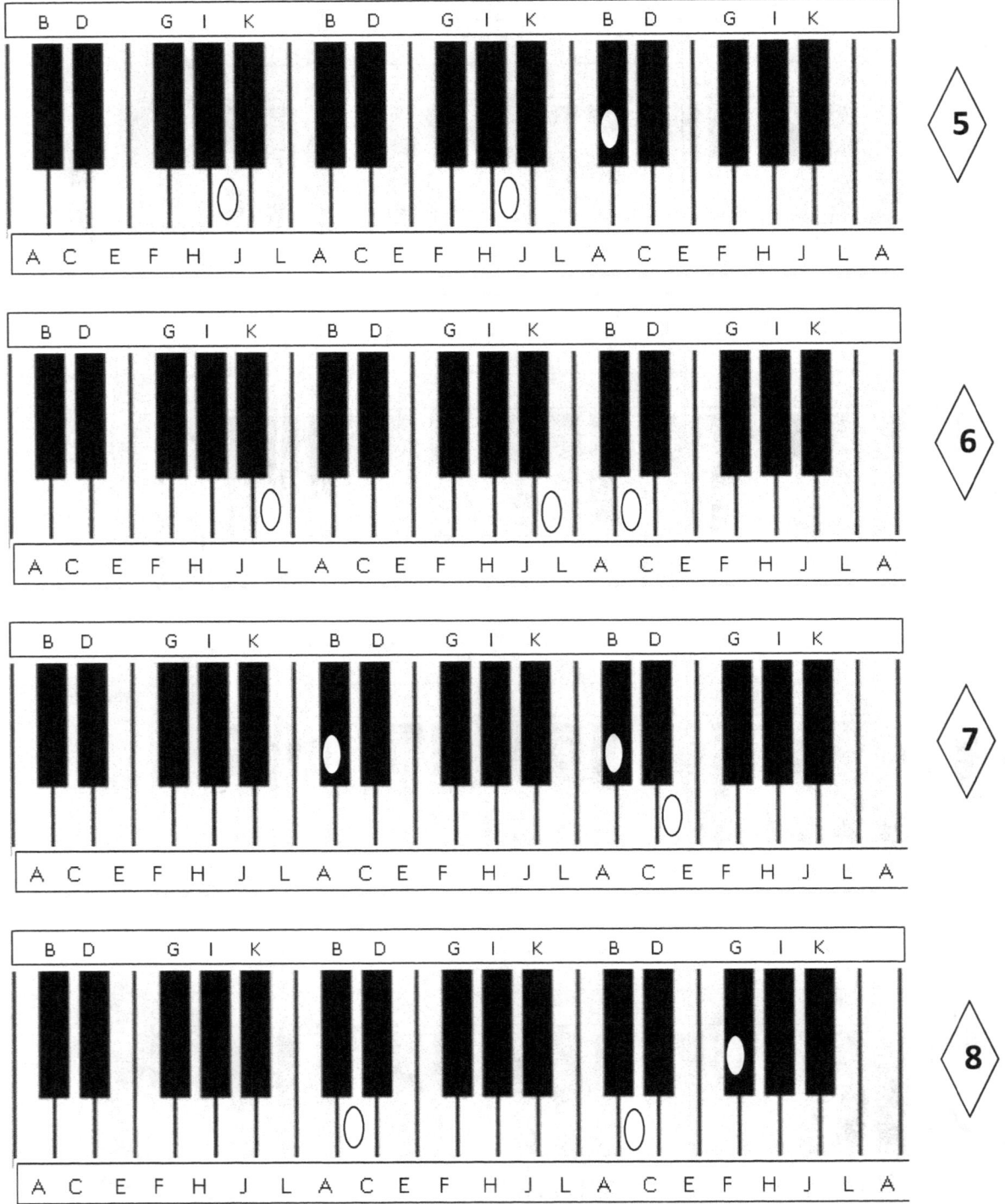

El Círculo de Tonos de **Re Mayor(D)**

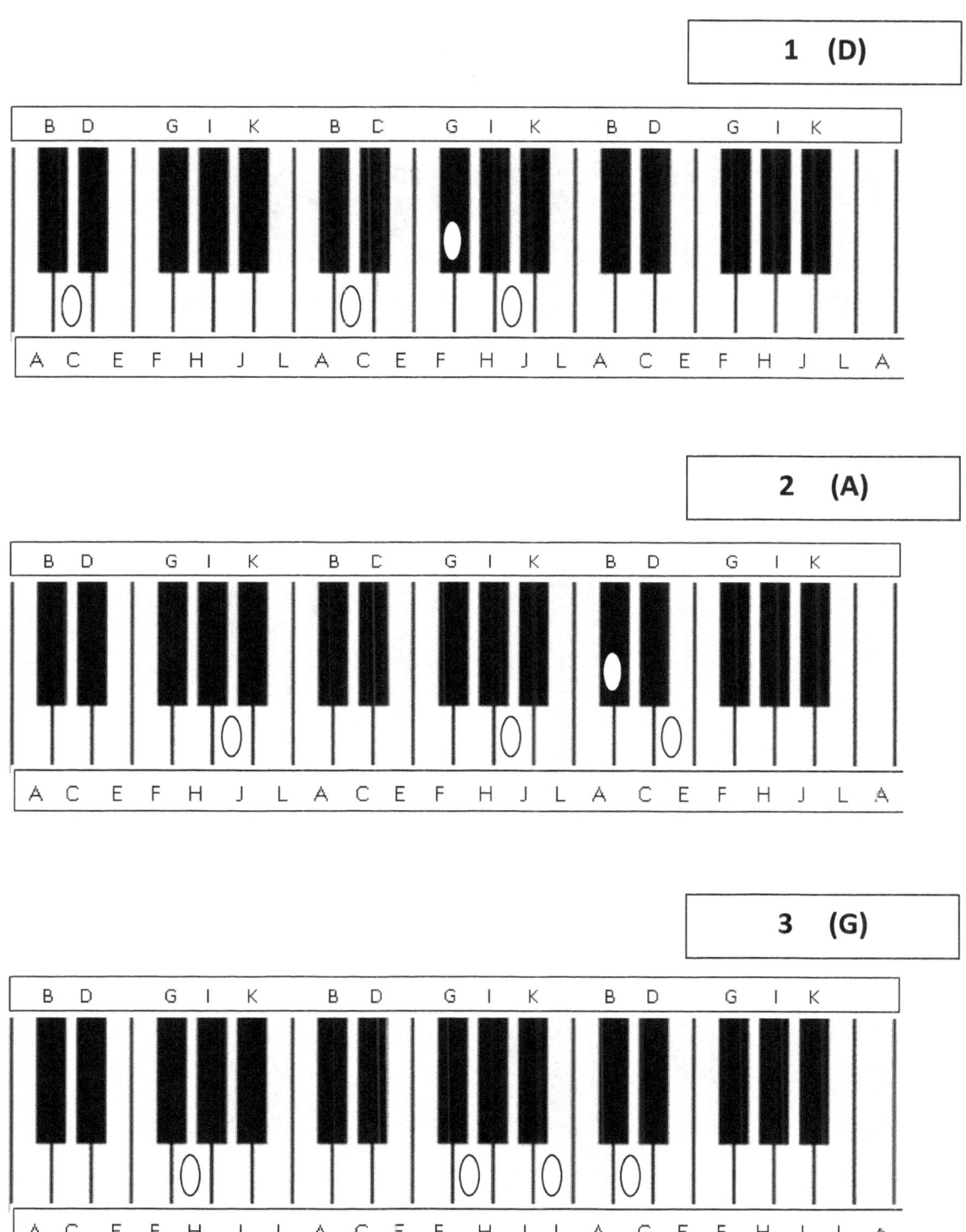

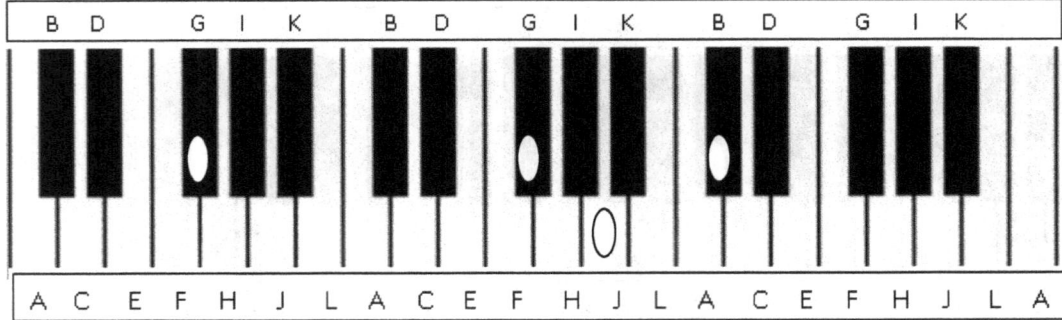

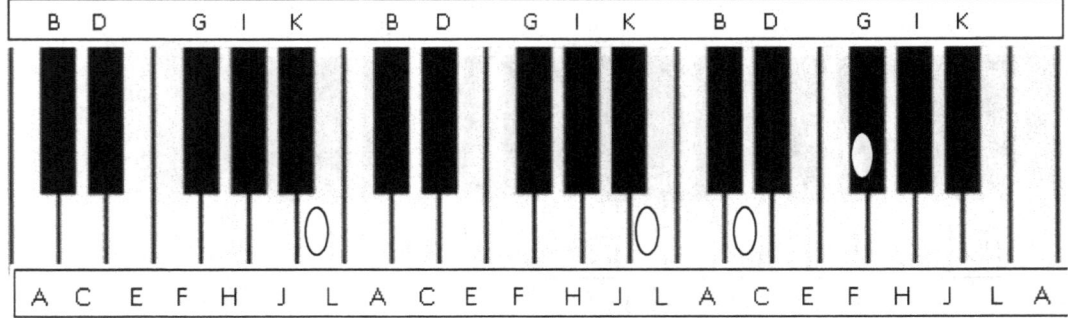

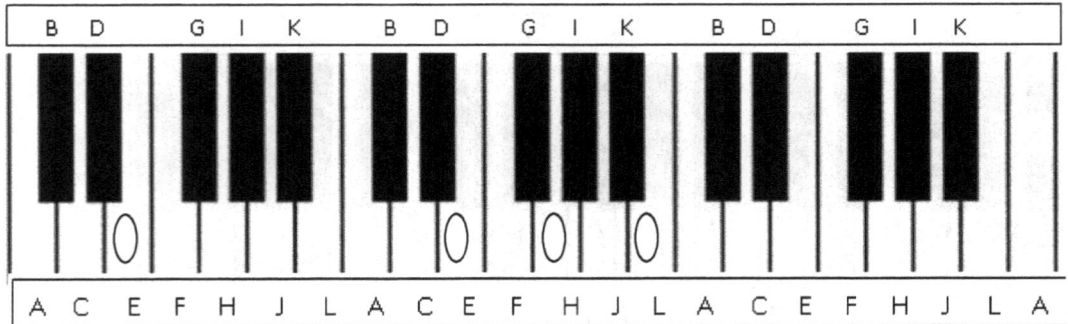

(4) La escala del tono de Mi Mayor (E)

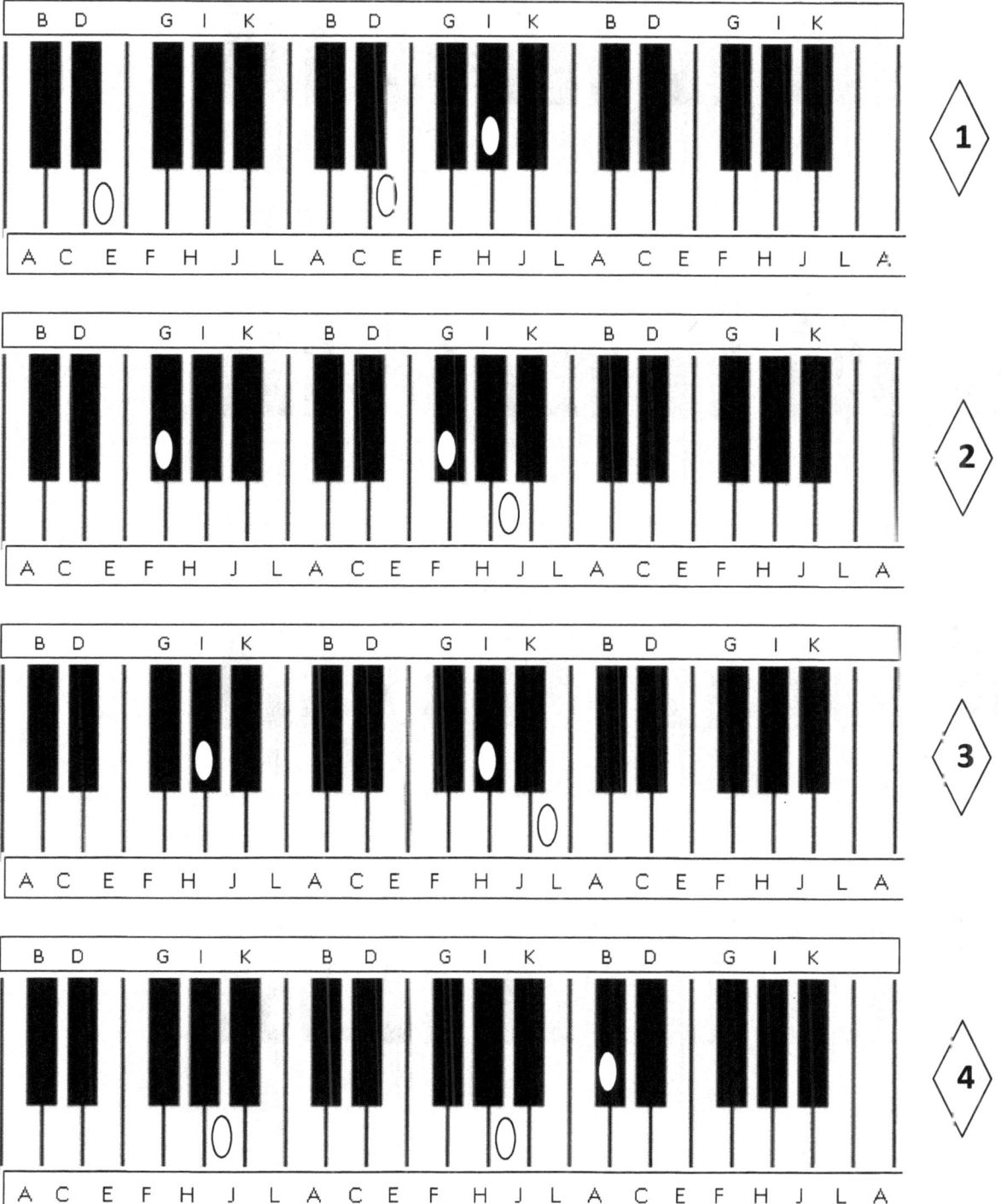

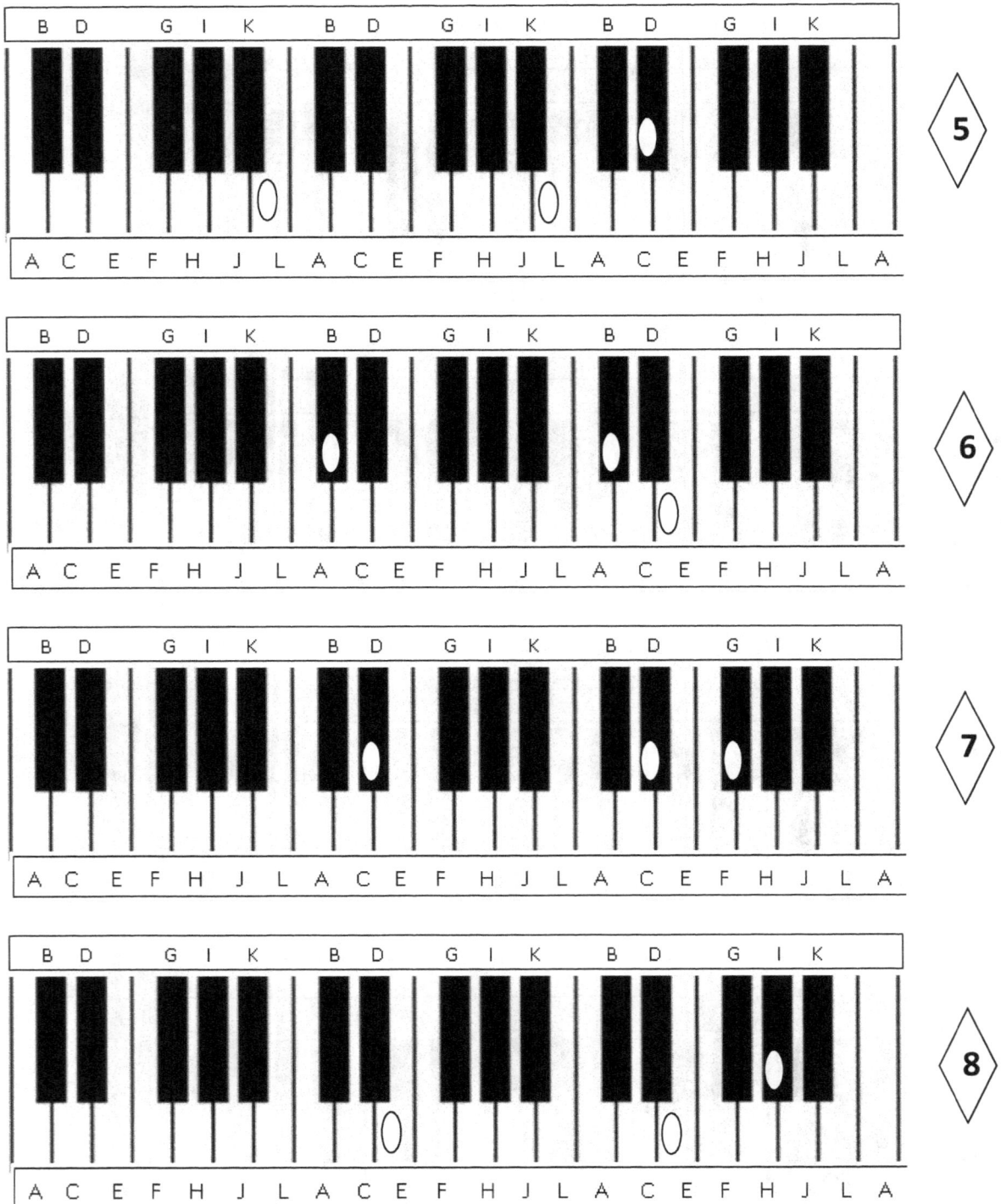

El Círculo de Tonos de **Mi Mayor (E)**

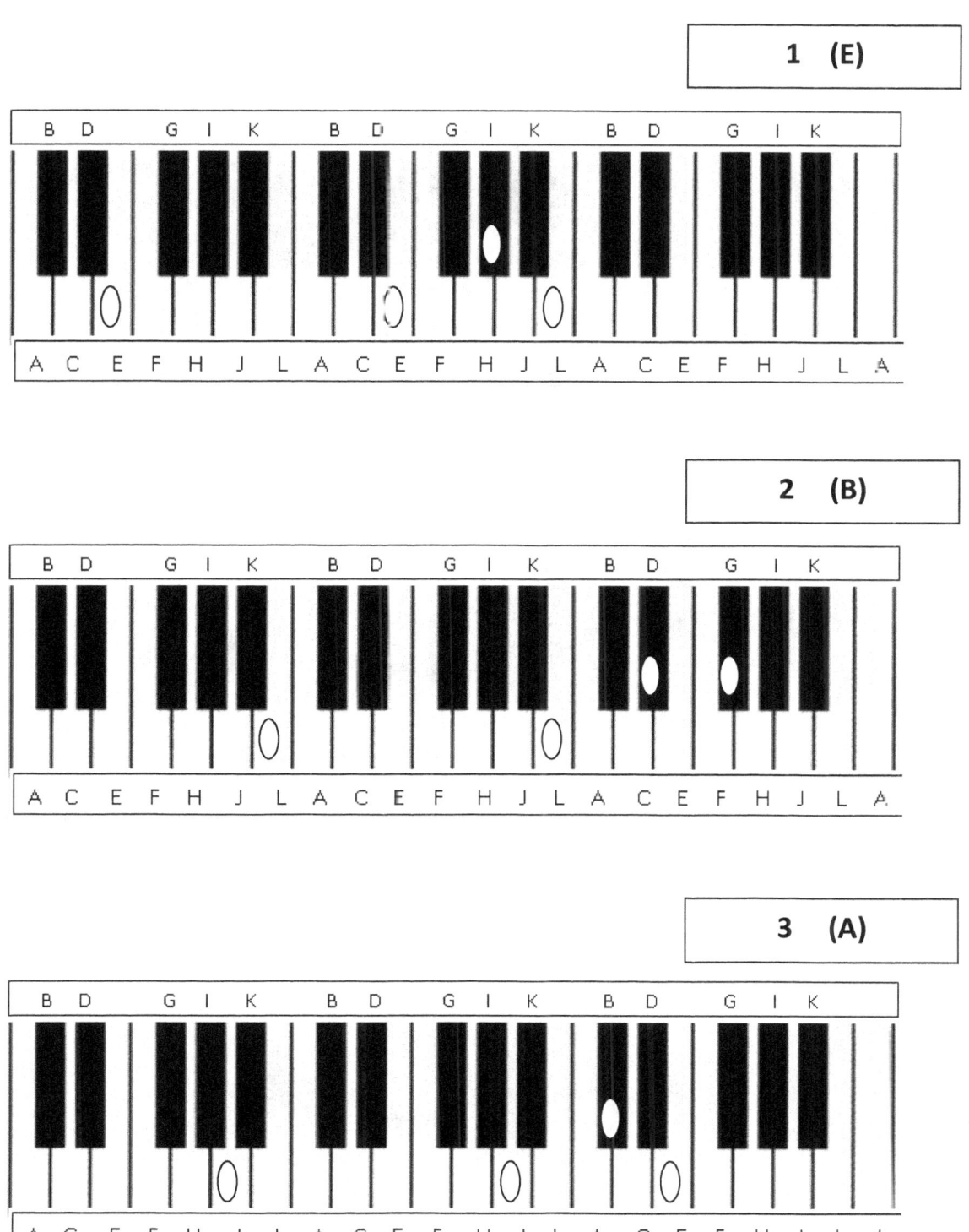

4 (Gbm)

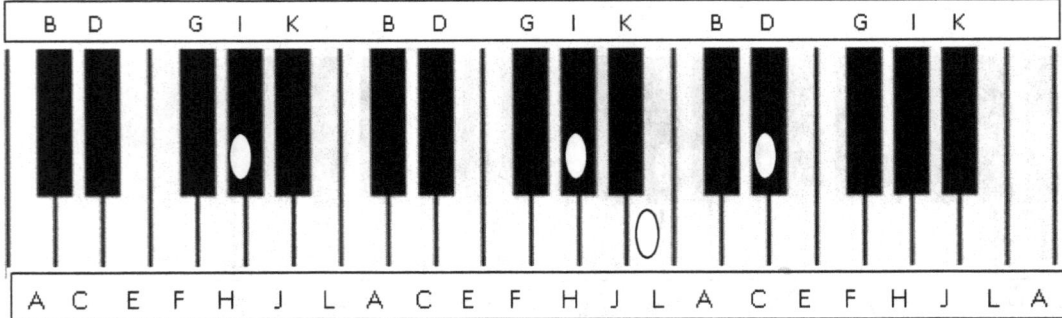

5 (Cbm)

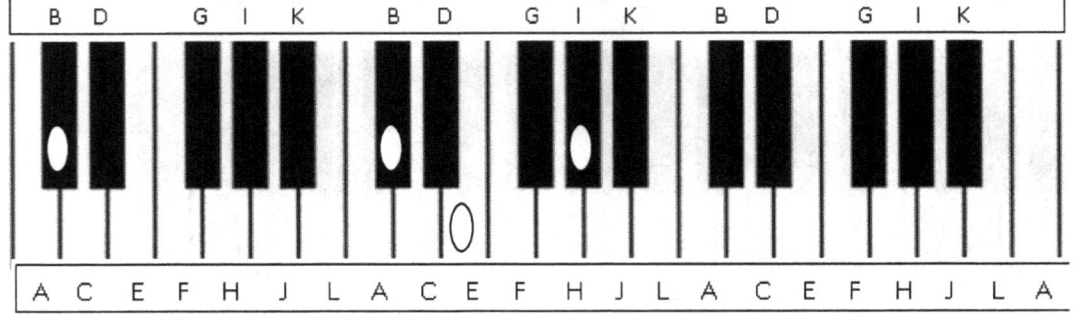

6 (Fbm)

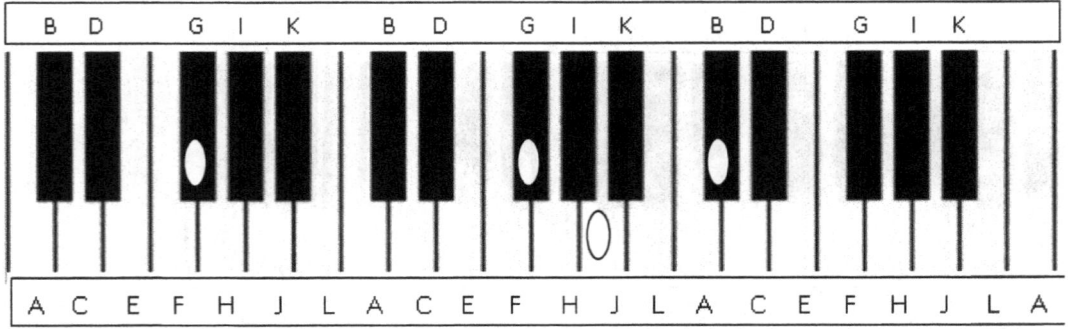

(5) La escala del tono de Fa Mayor (F)

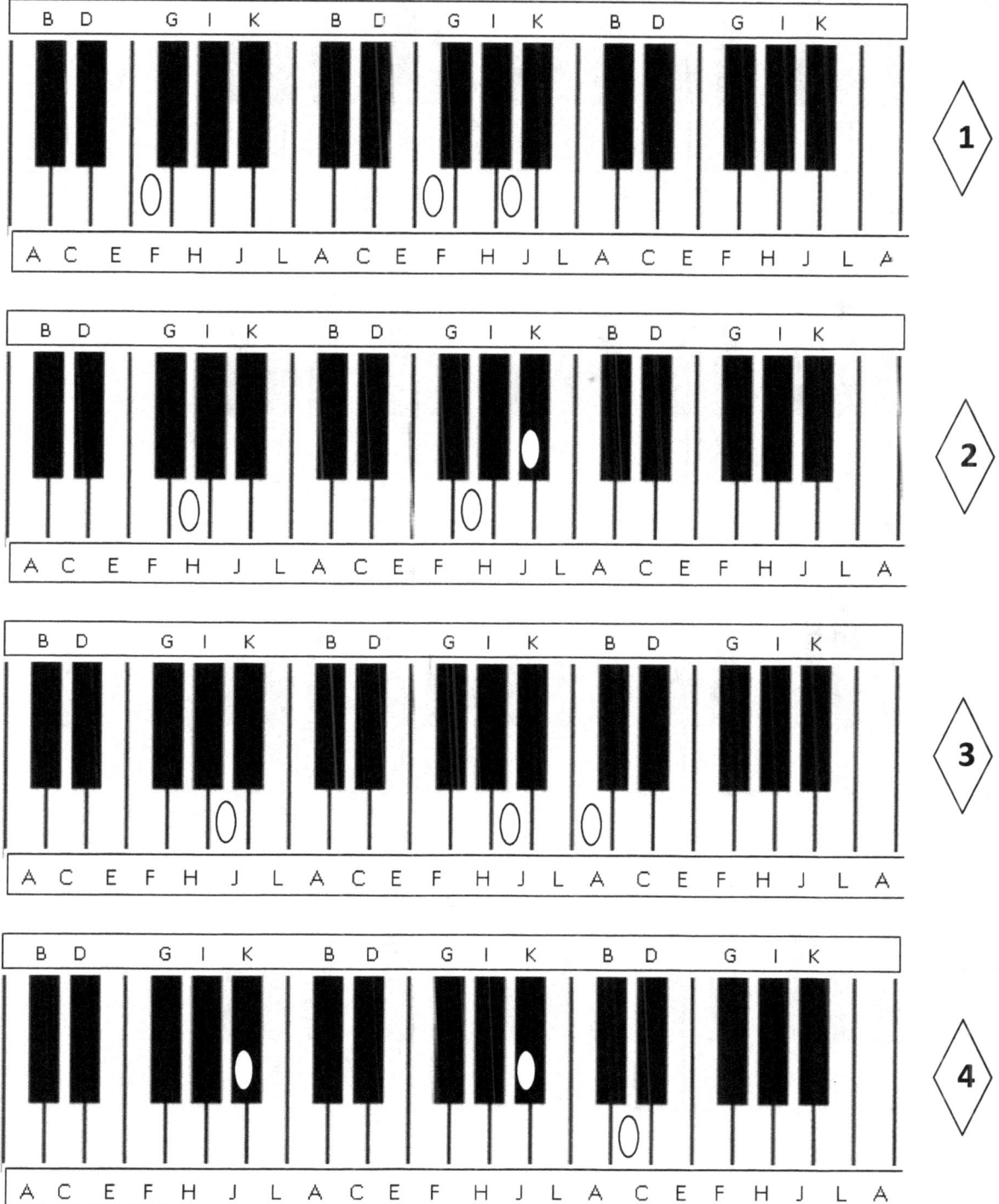

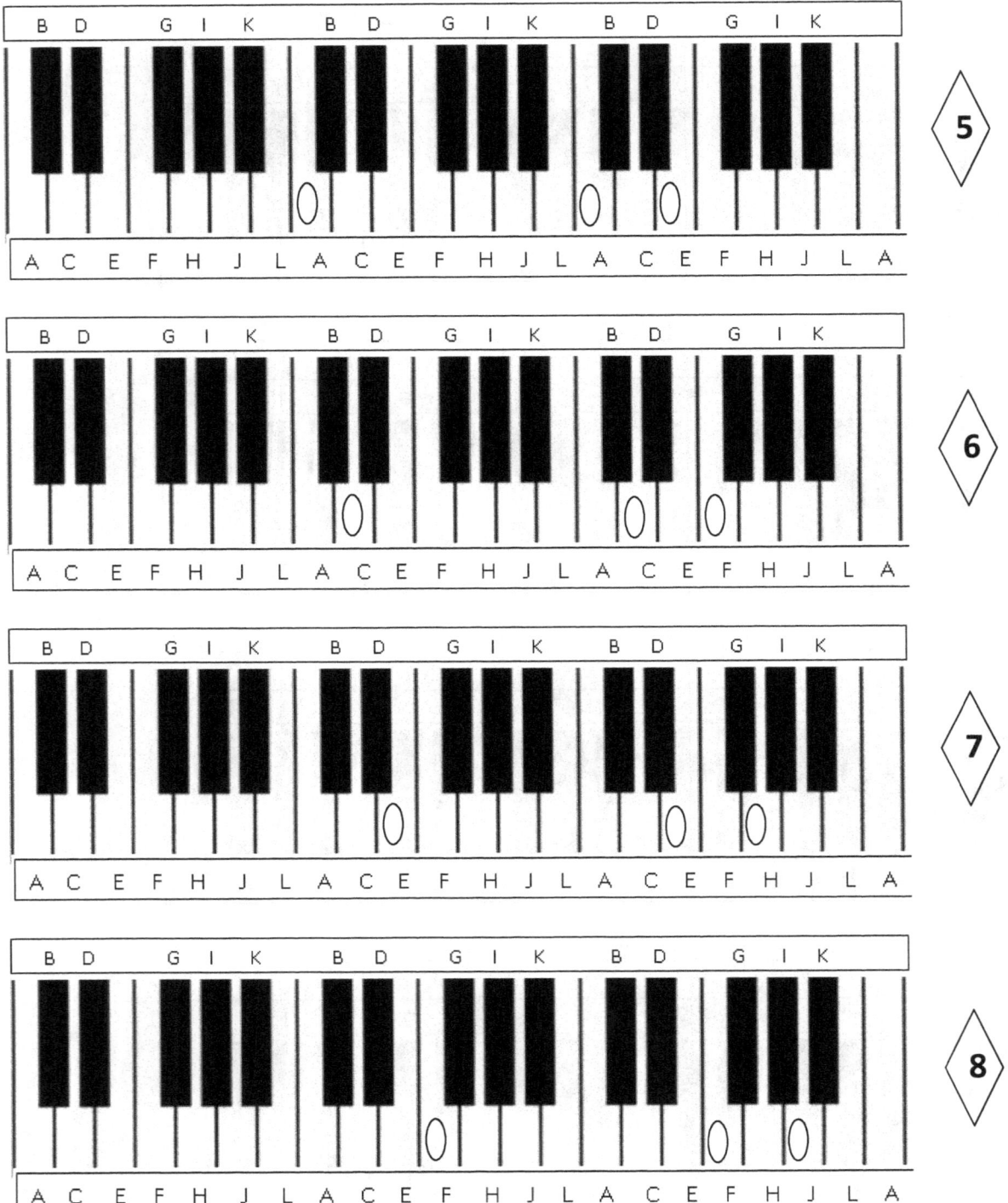

El Círculo de Tonos de **Fa Mayor (F)**

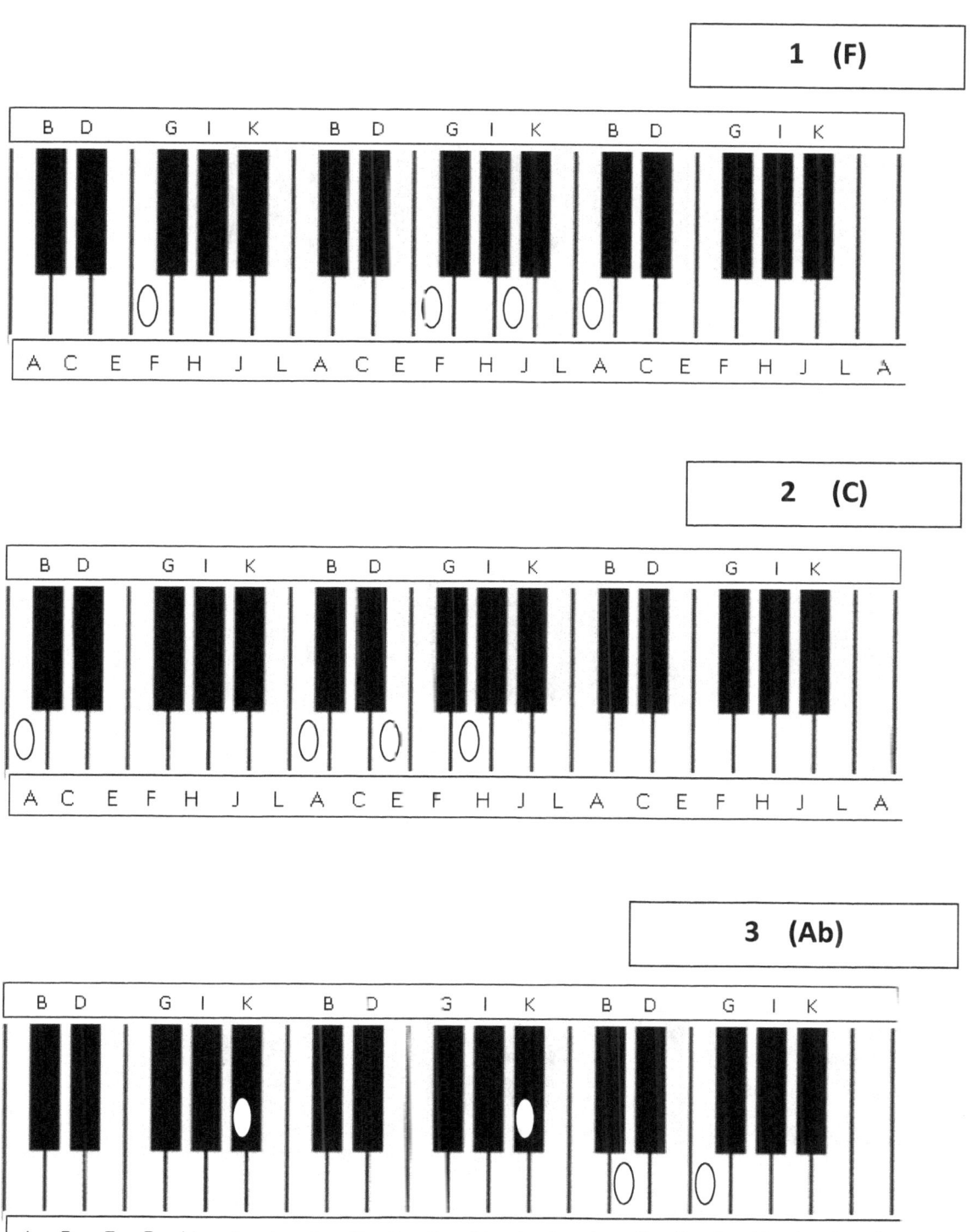

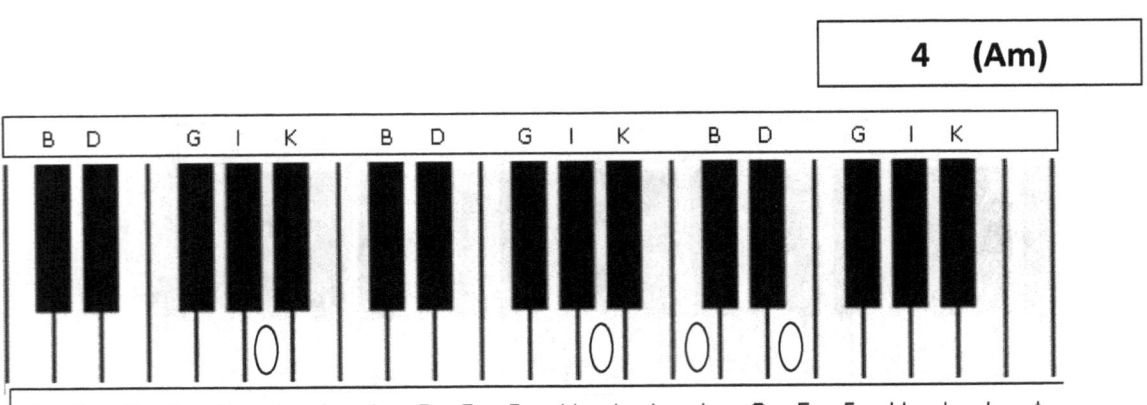

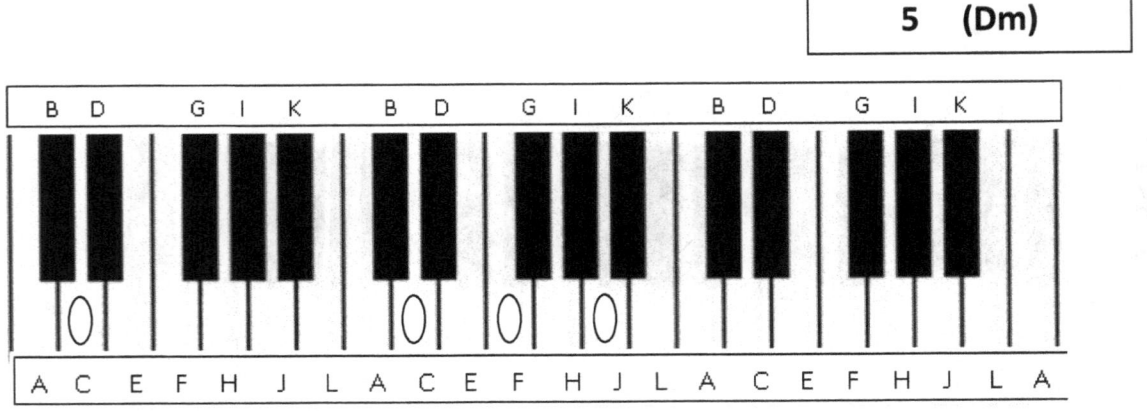

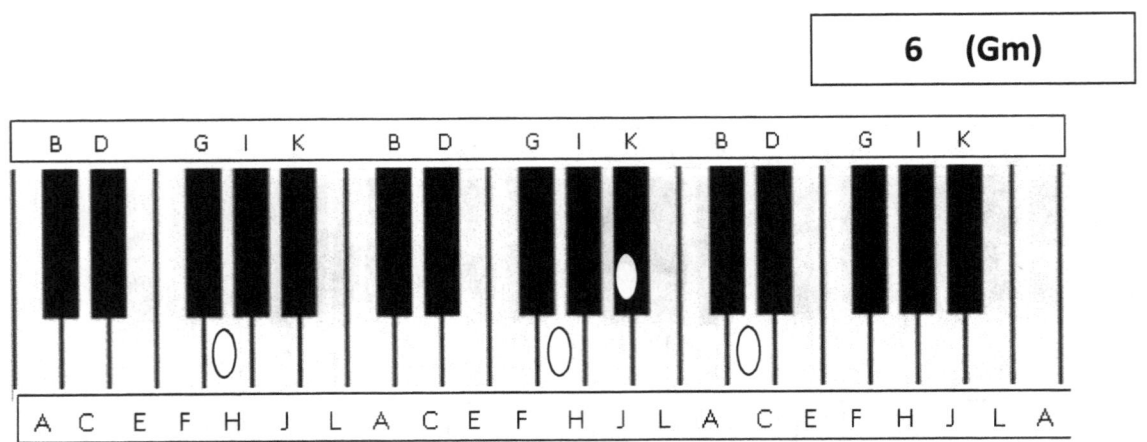

(6) La escala del tono de Sol Mayor (G)

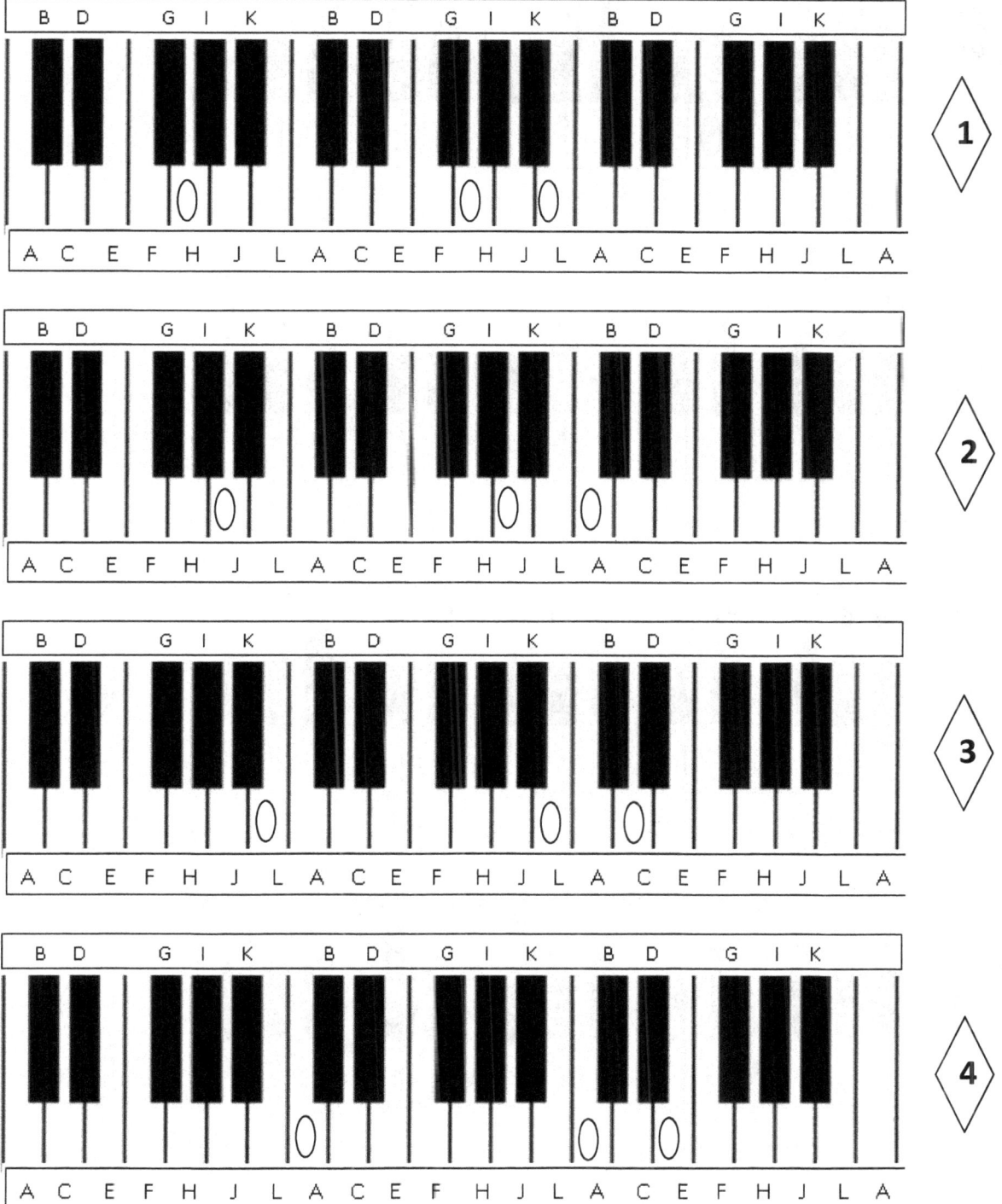

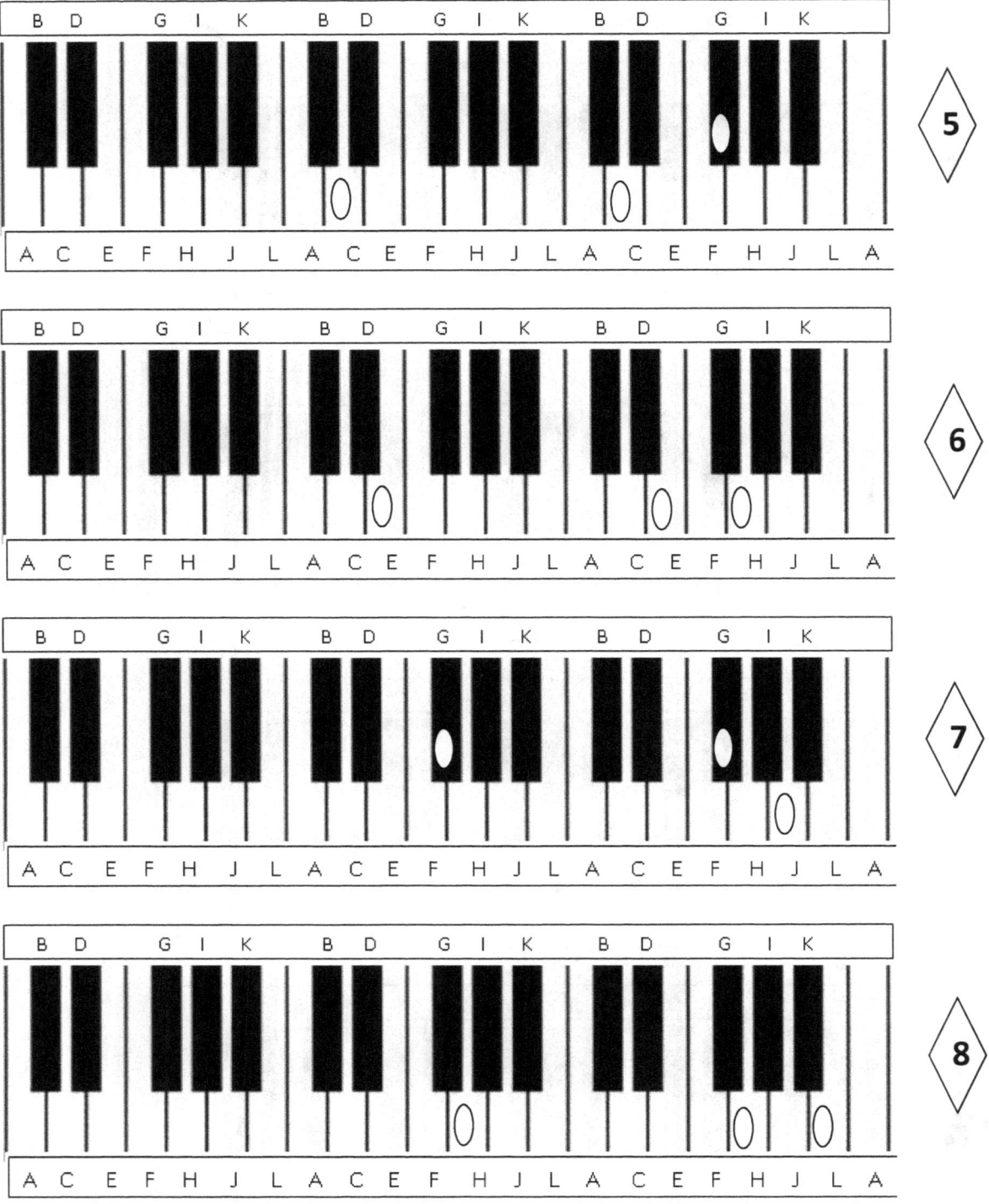

El Círculo de Tonos de **Sol Mayor (G)**

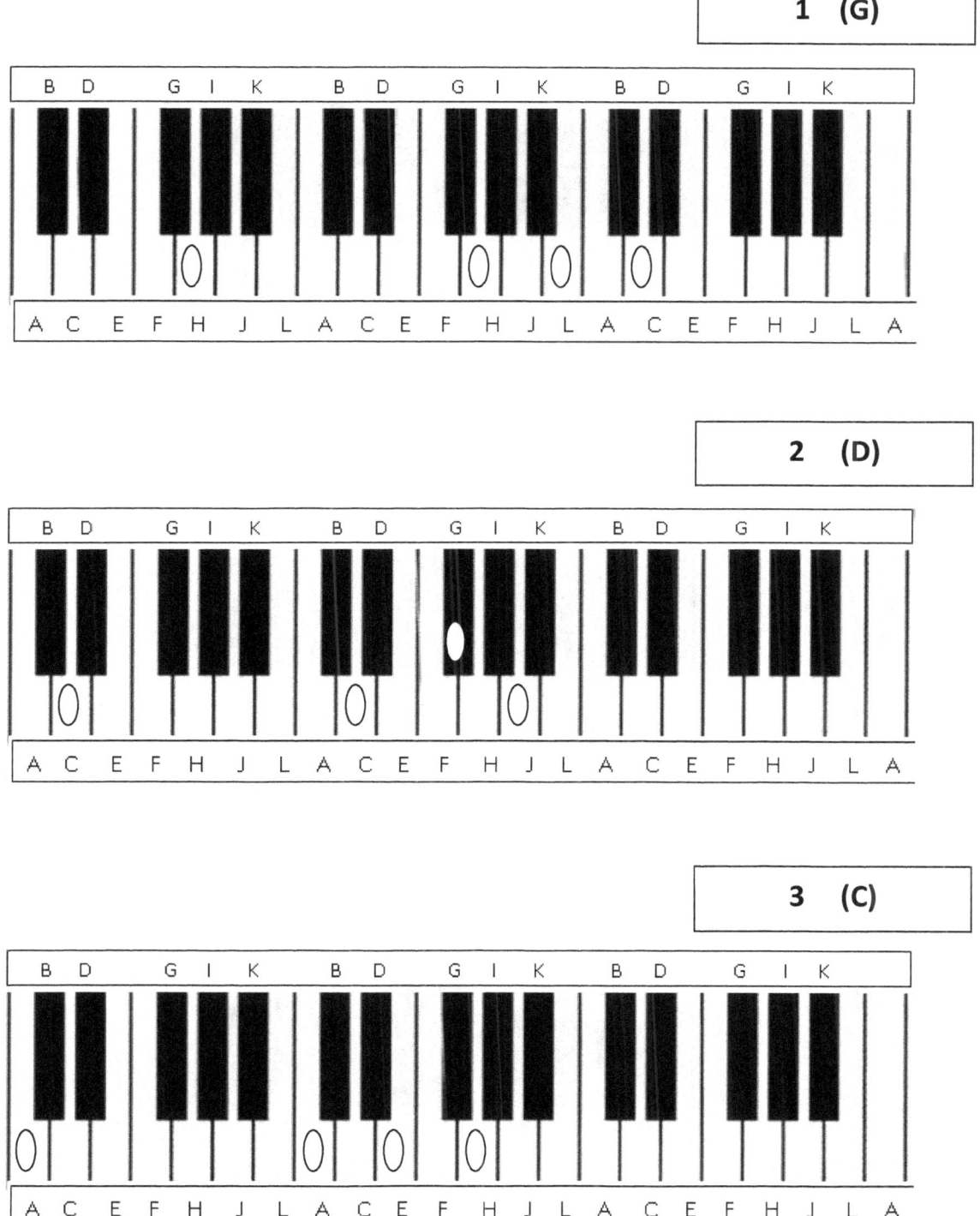

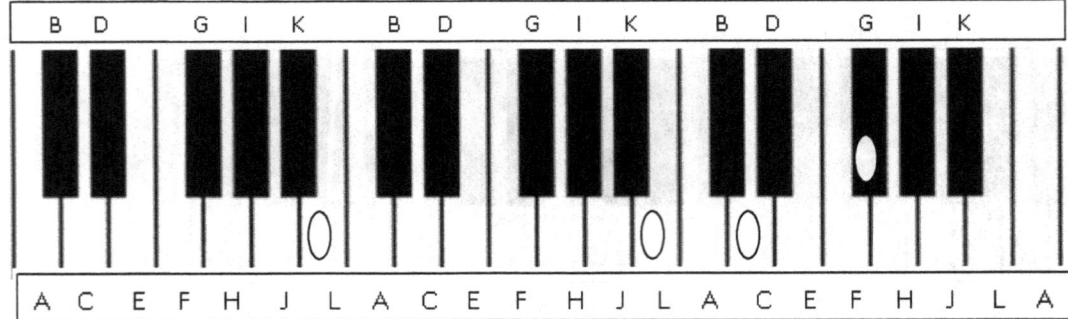

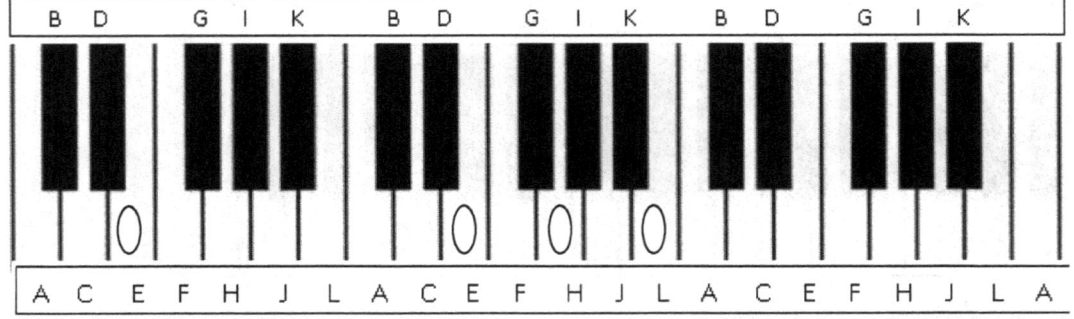

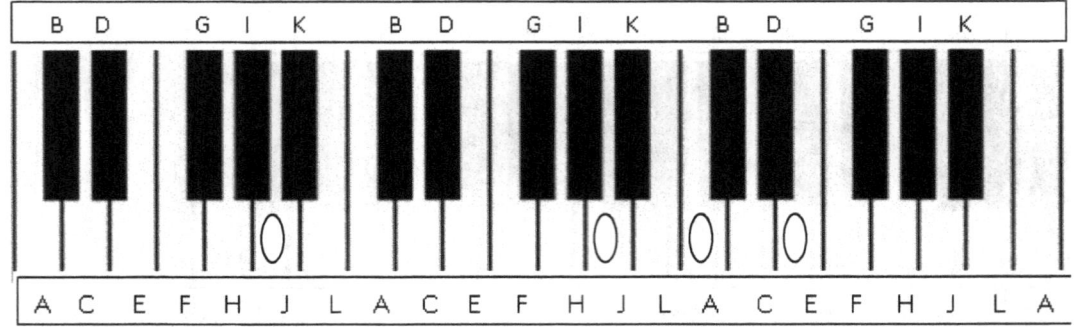

(7) La escala del tono de La Mayor (A)

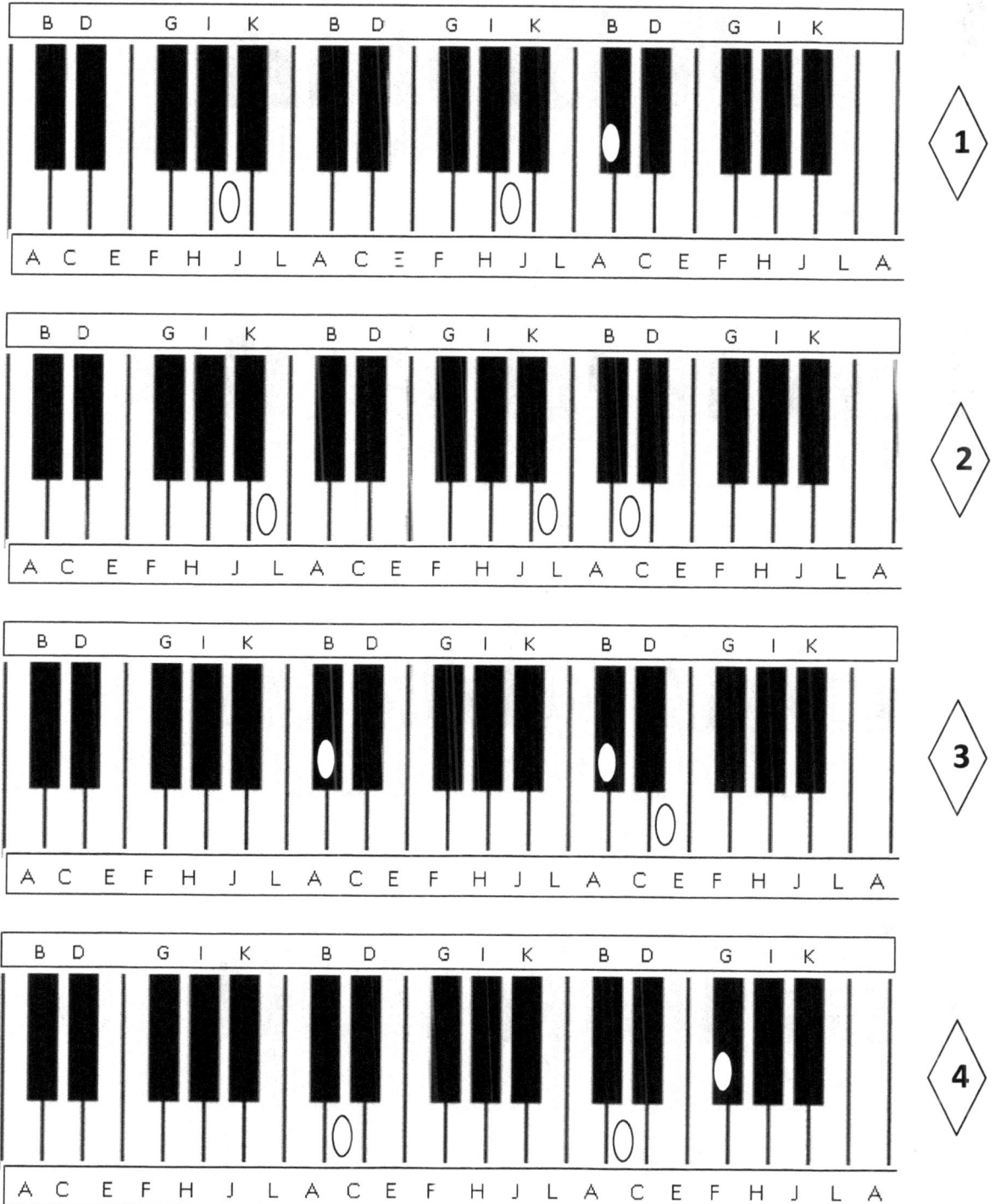

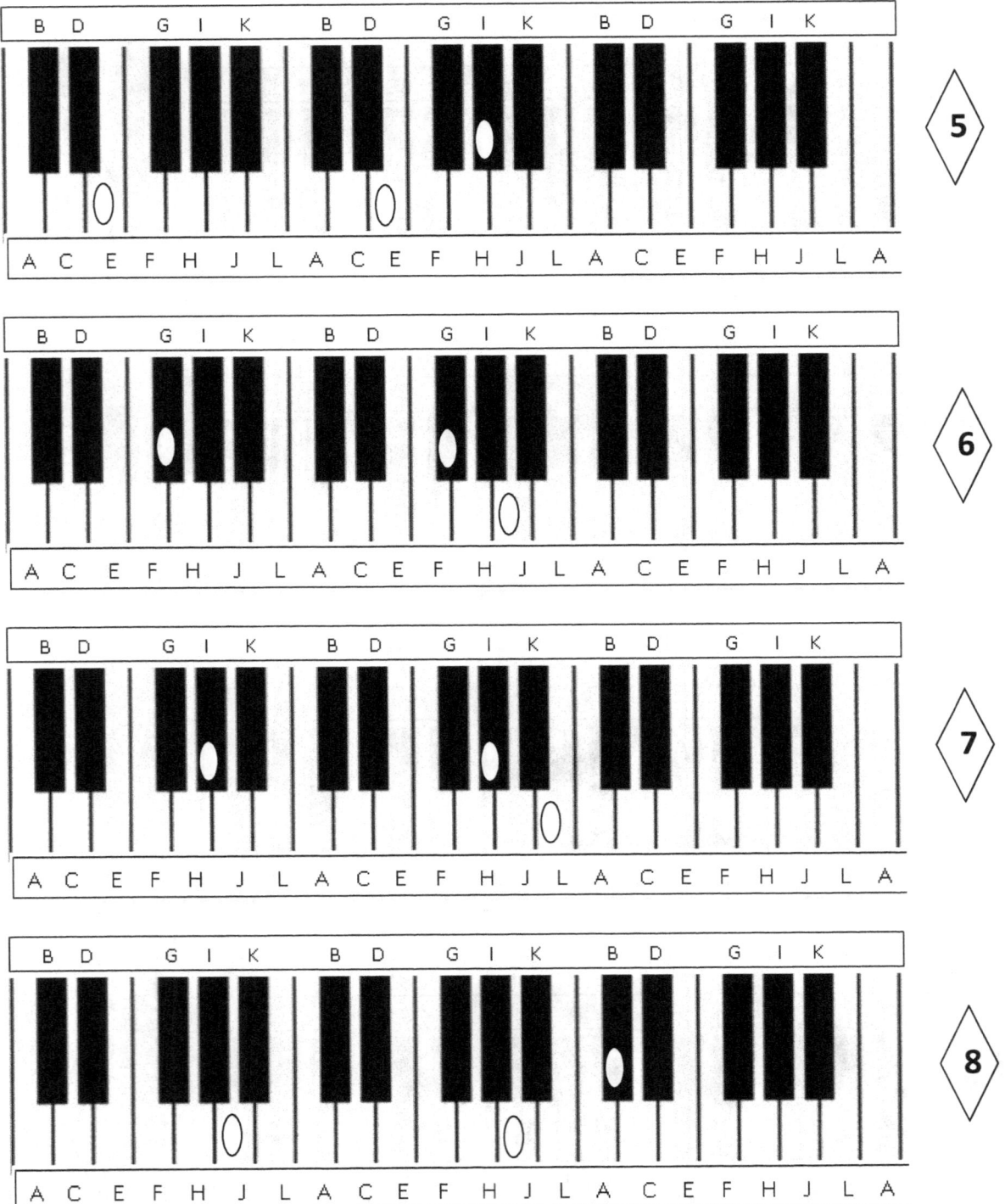

El Círculo de Tonos de **La Mayor (A)**

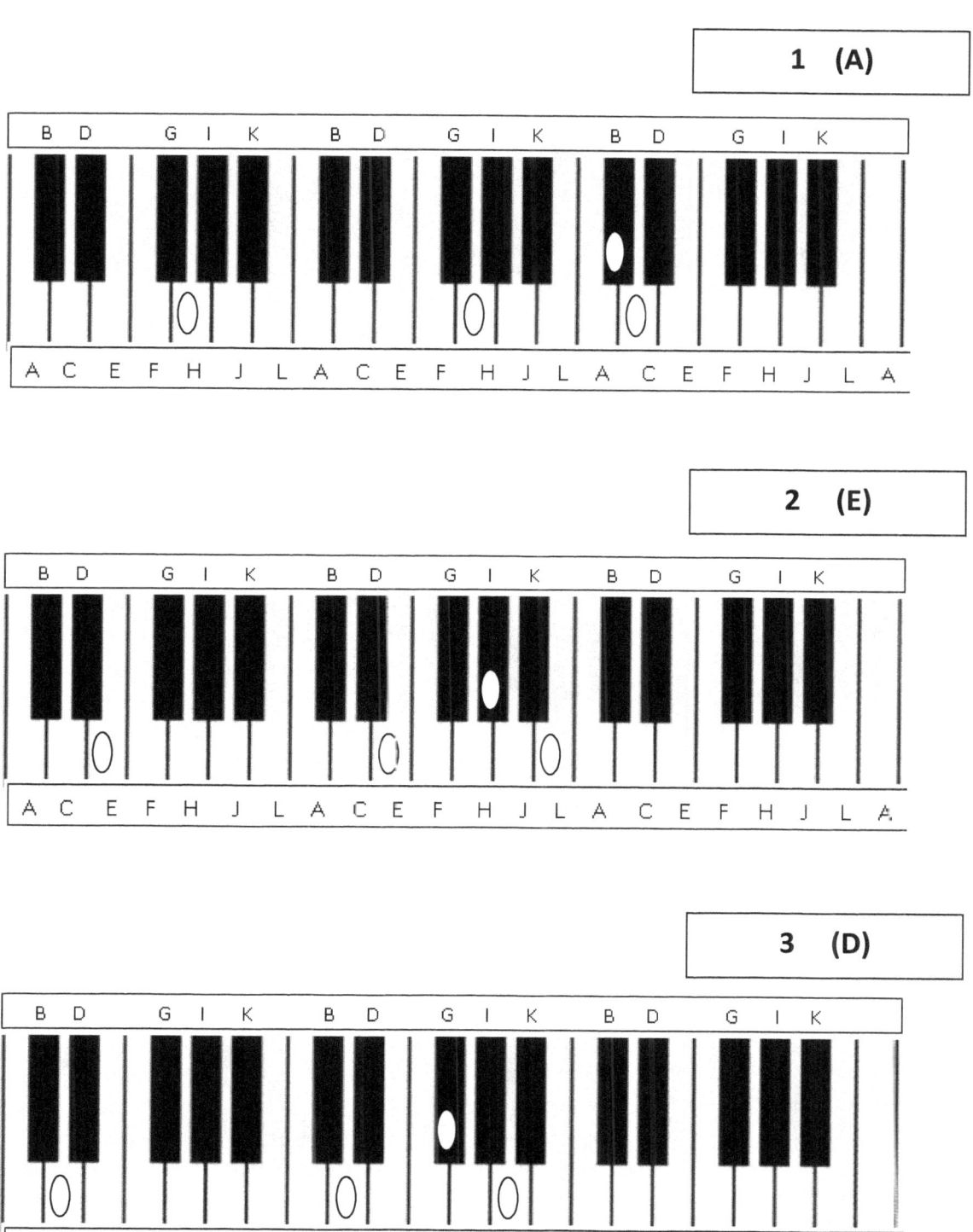

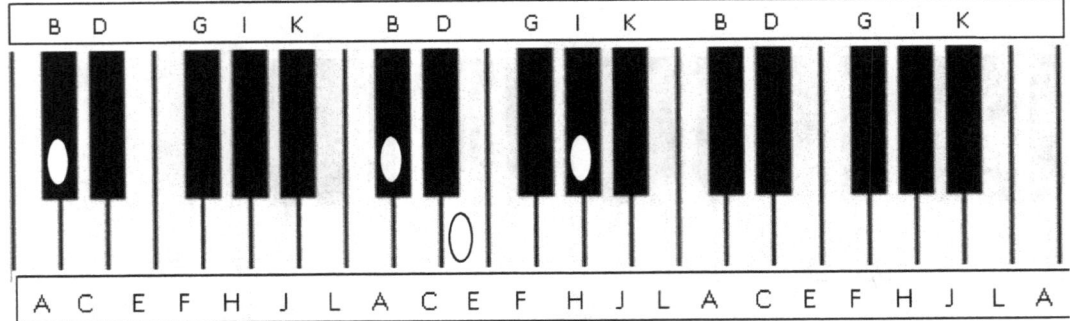

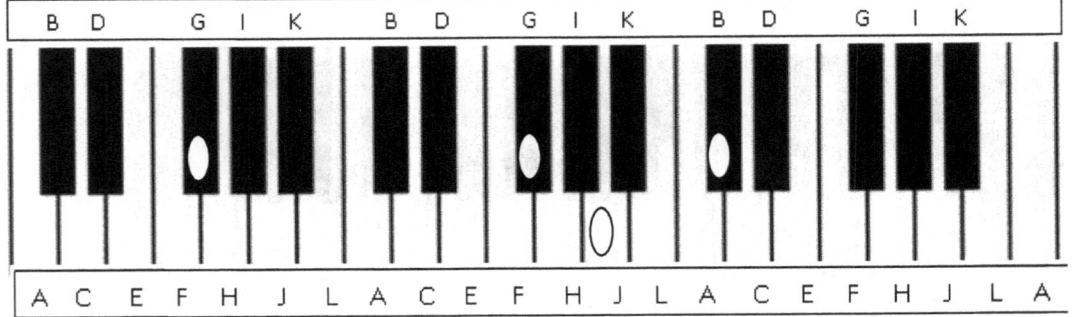

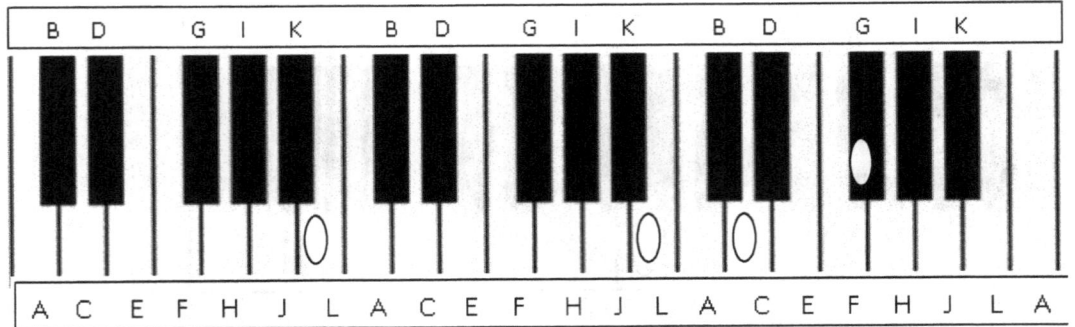

(8) La escala del tono de Si Mayor (B)

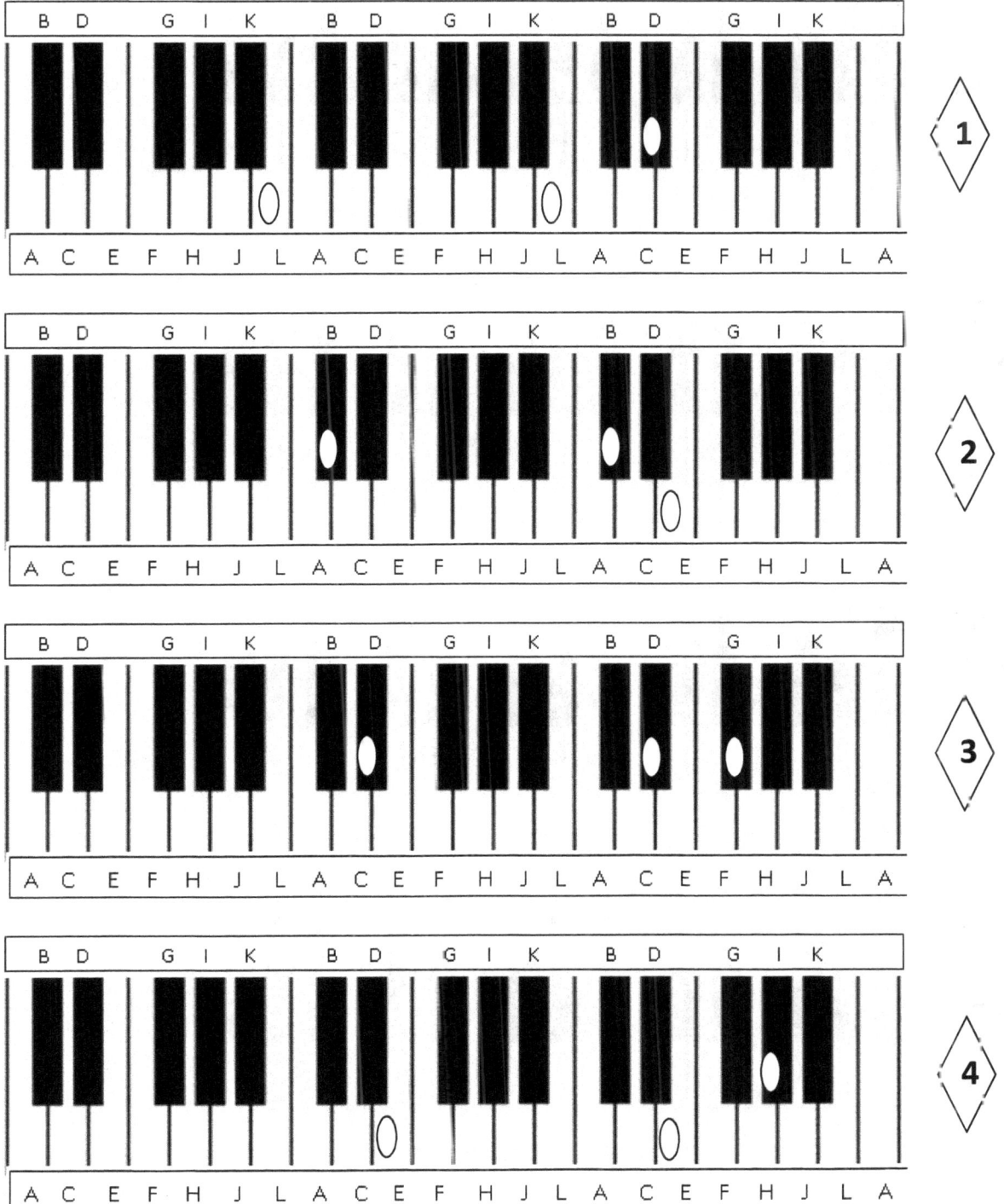

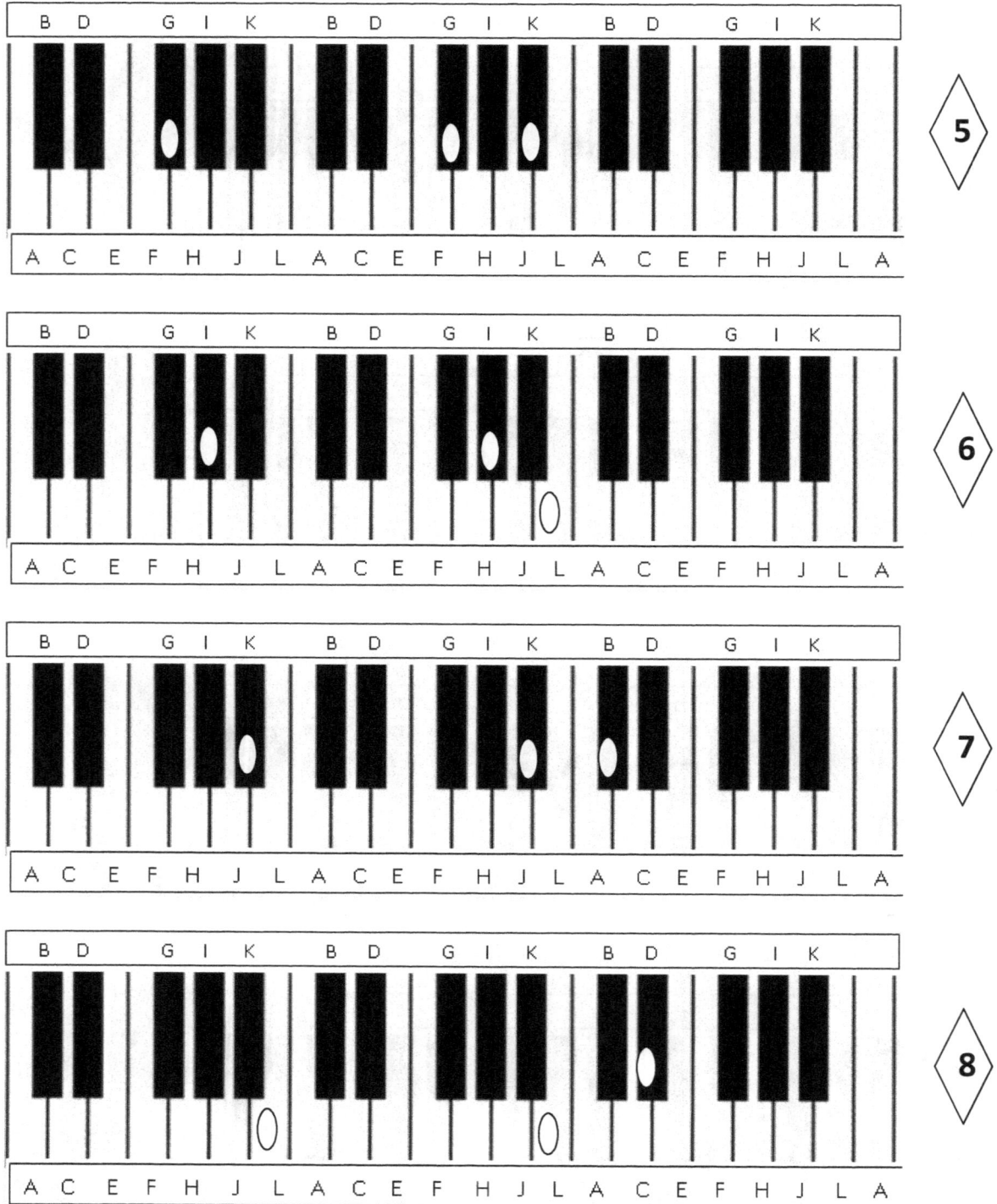

El Círculo de Tonos de **Si Mayor (B)**

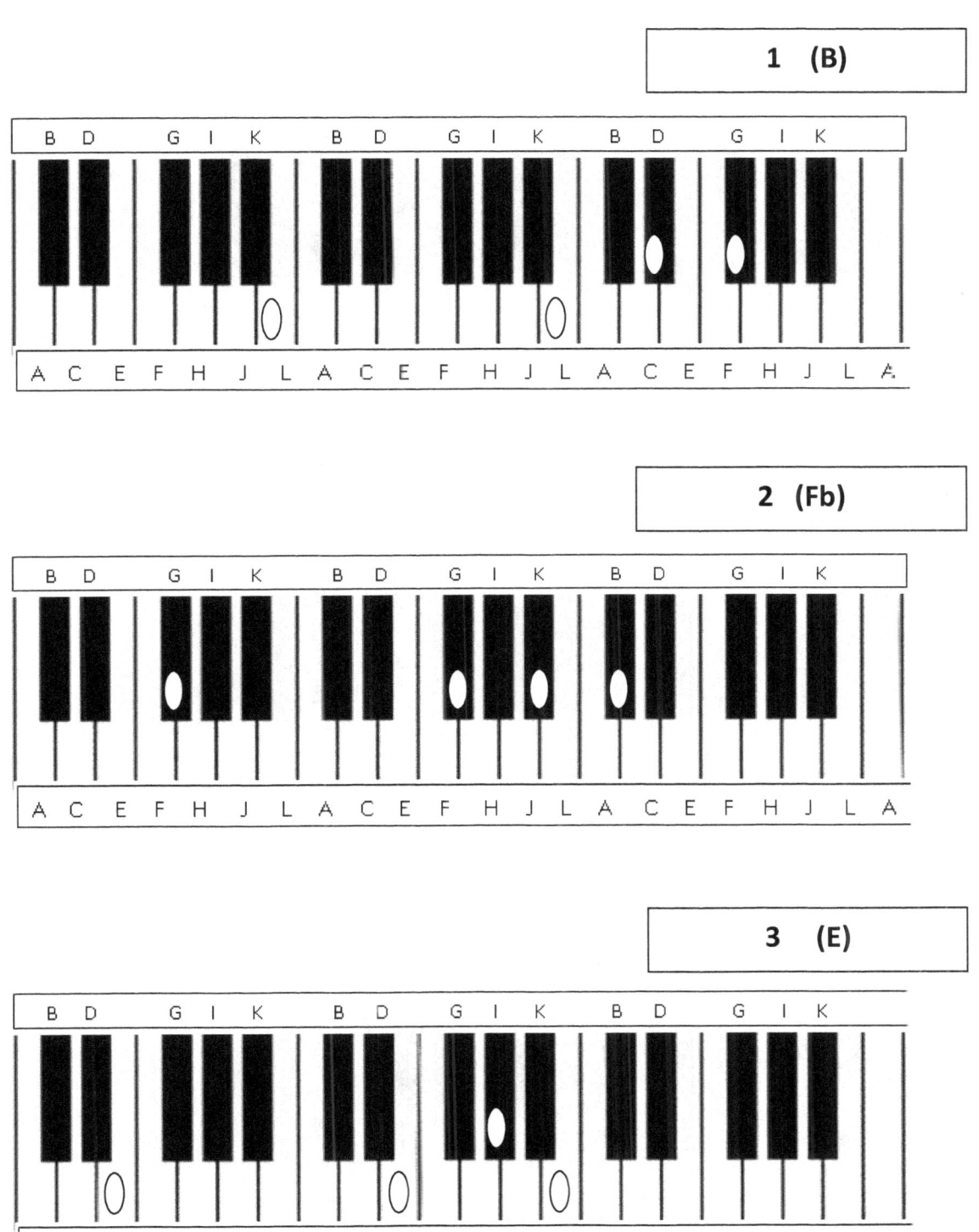

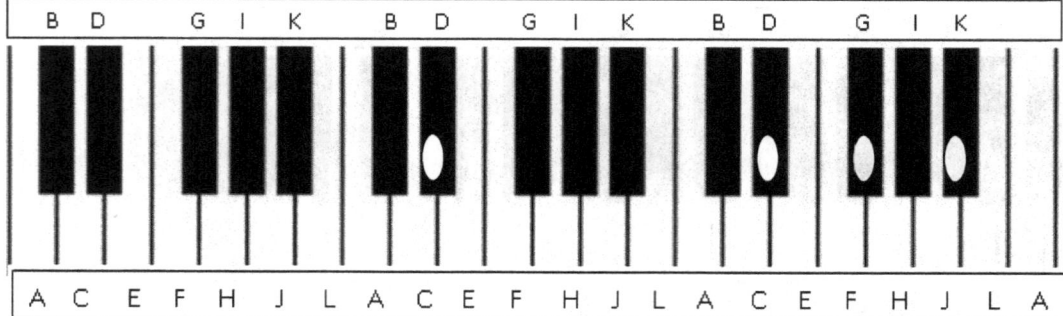

4 (Dbm)

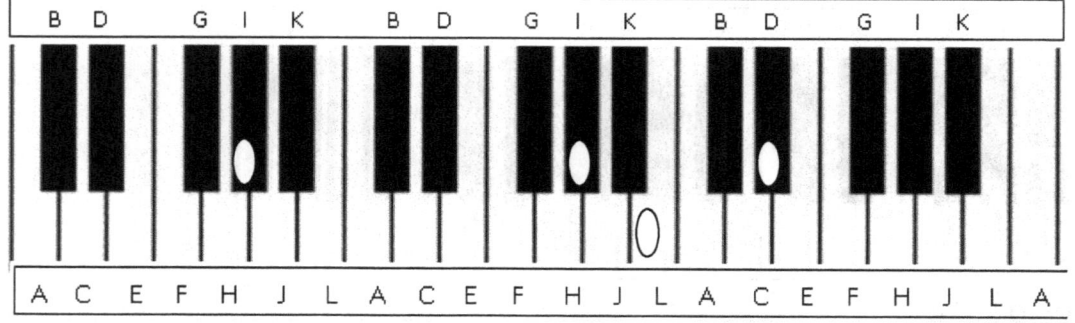

5 (Gbm)

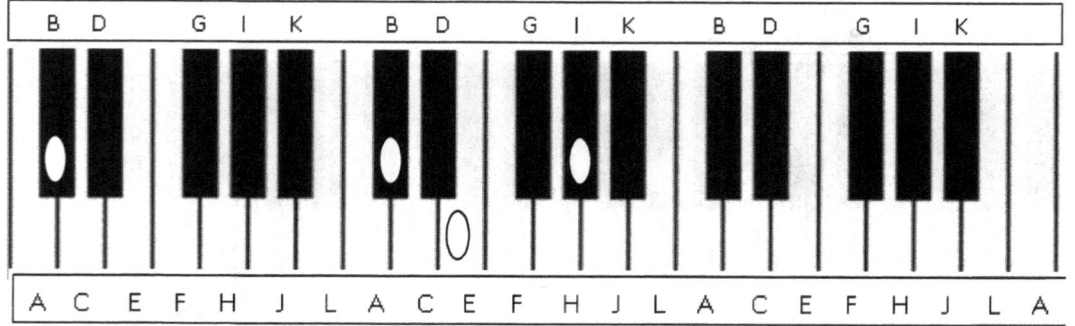

6 (Cbm)

(9) Los 7 Tonos de la Solfa Menores

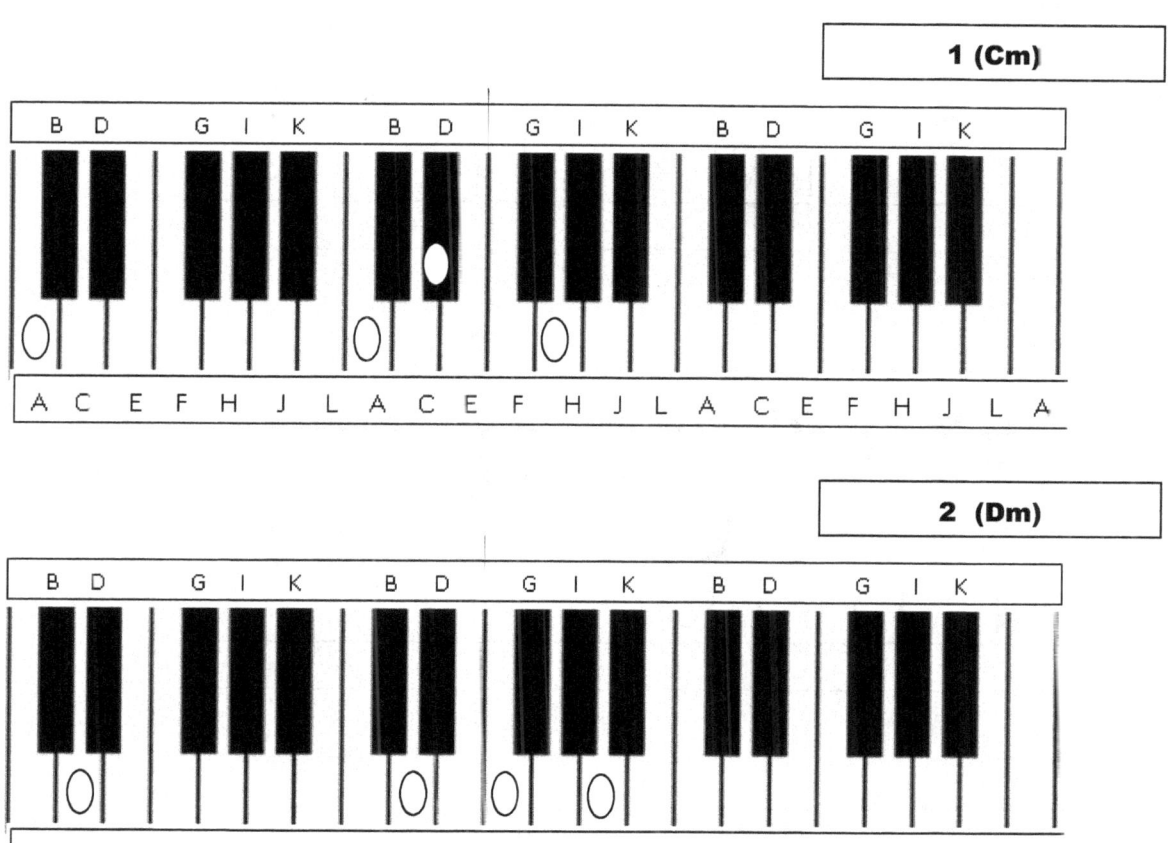

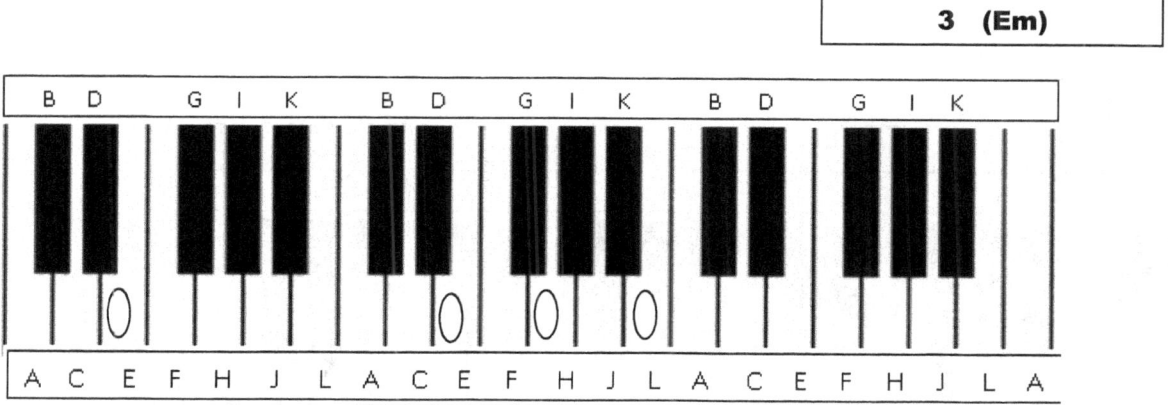

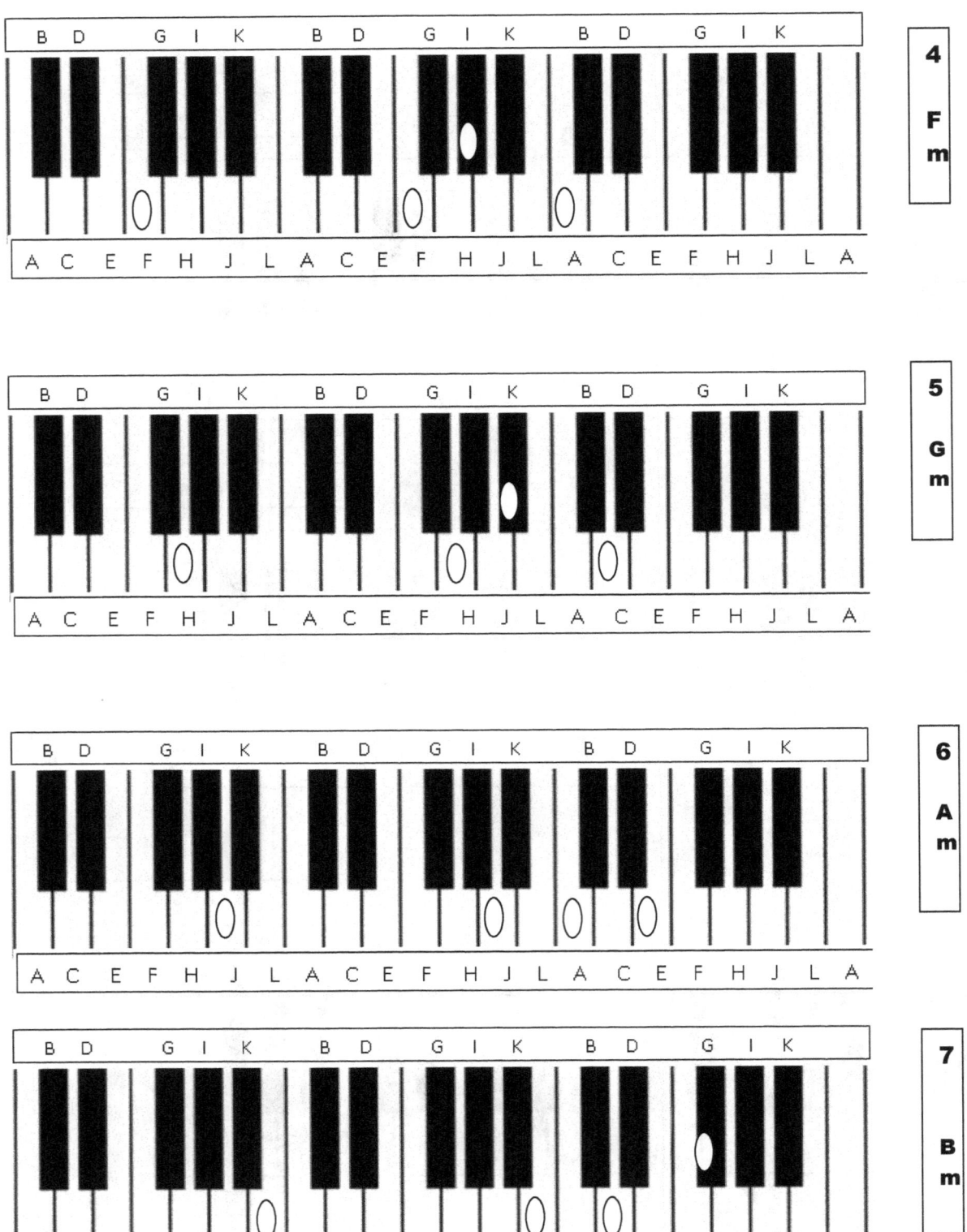

(10) La escala del tono de Do Menor (Cm)

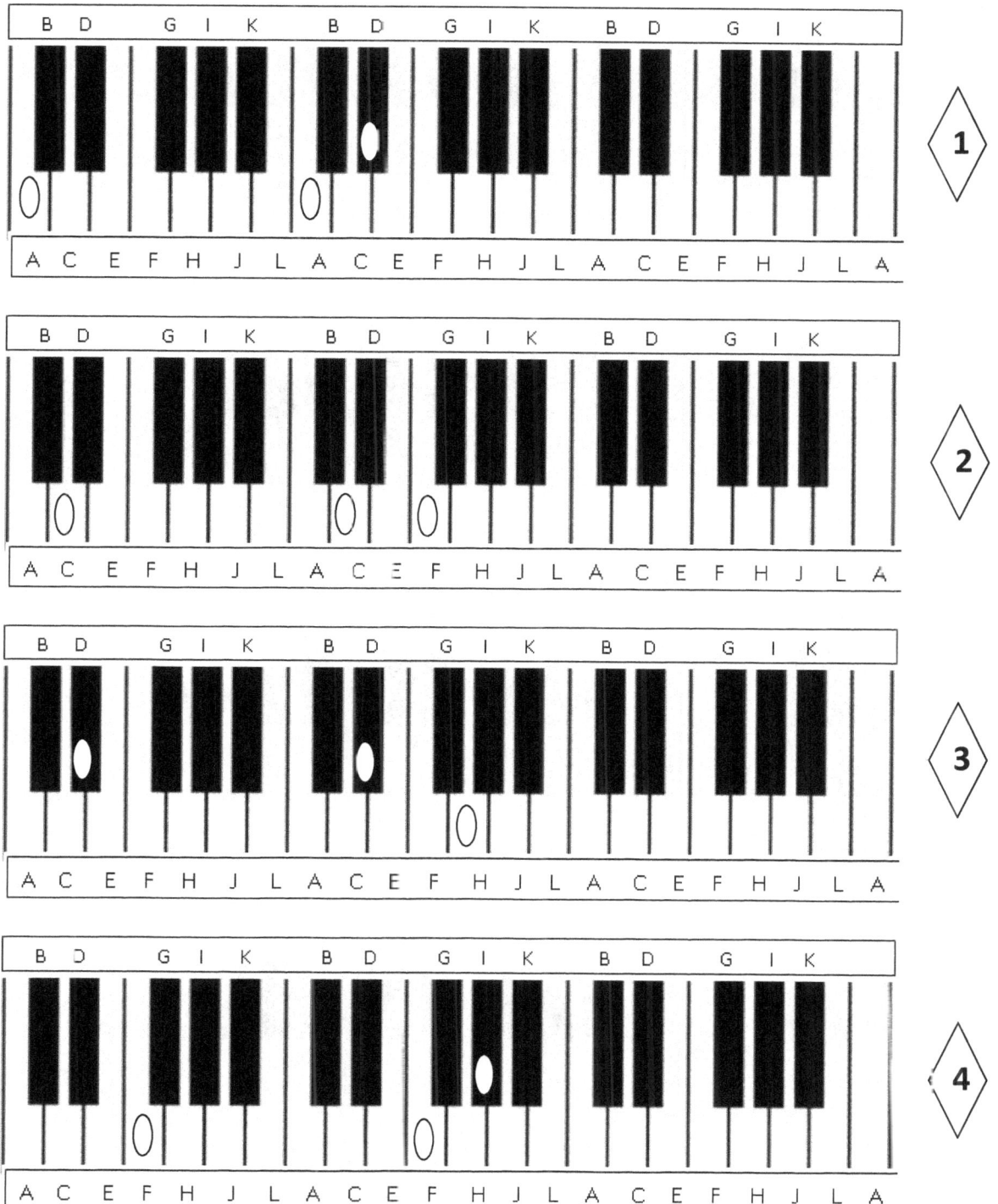

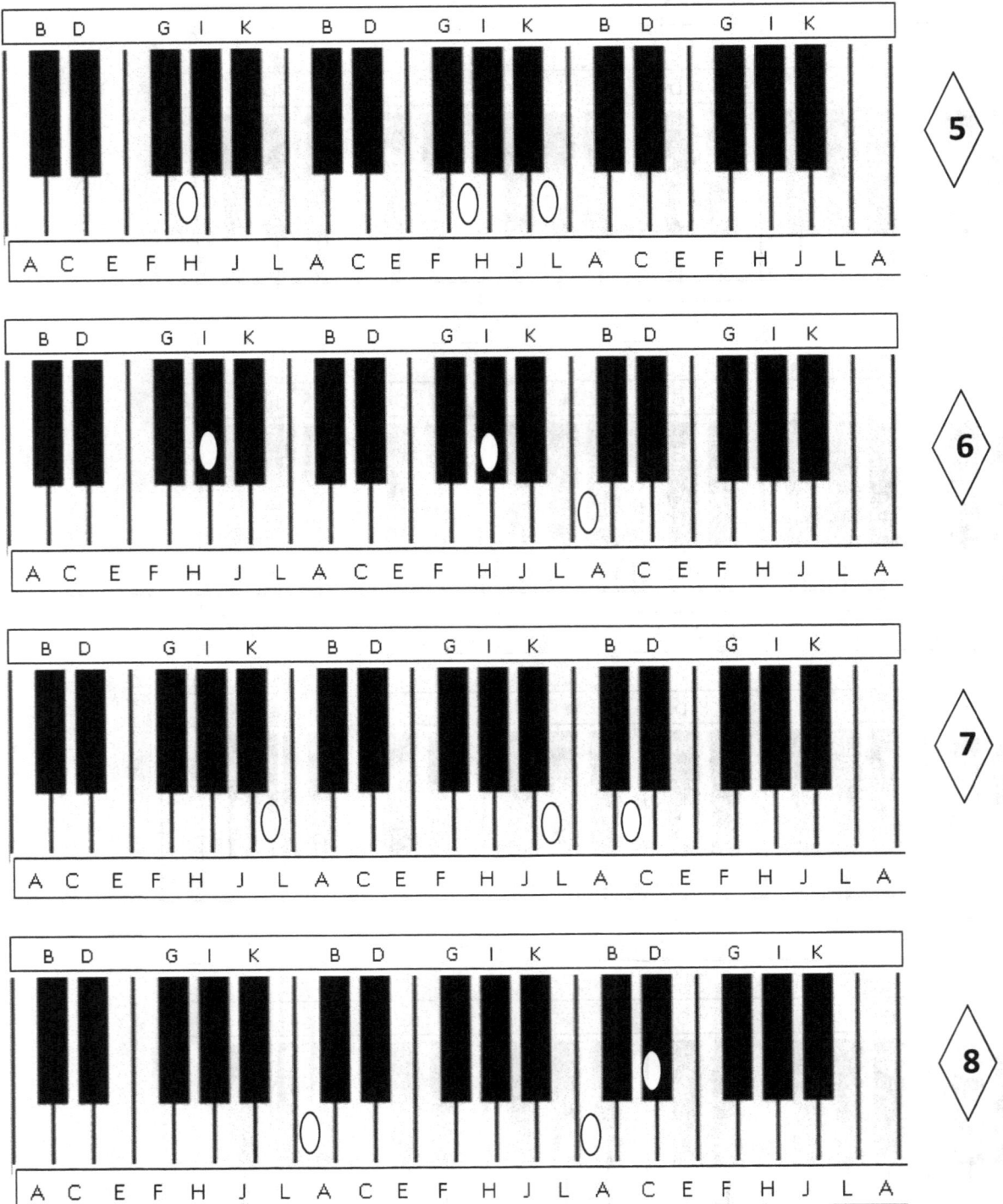

El Círculo de Tonos de **Do Menor (Cm)**

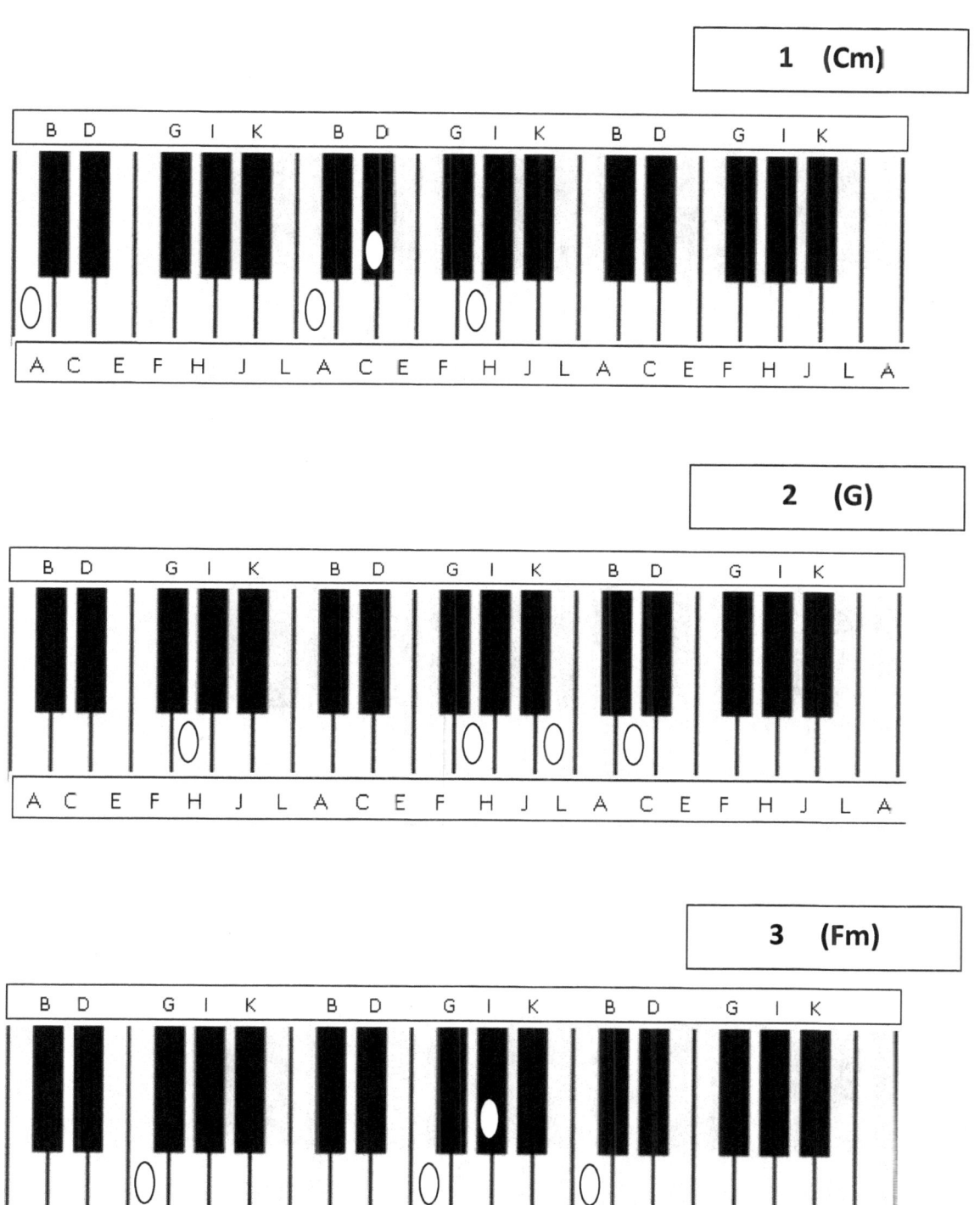

4 (Ab)

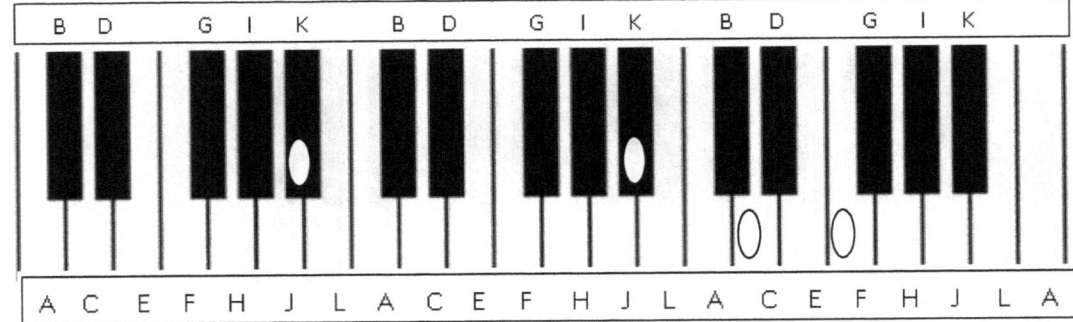

5 (Db)

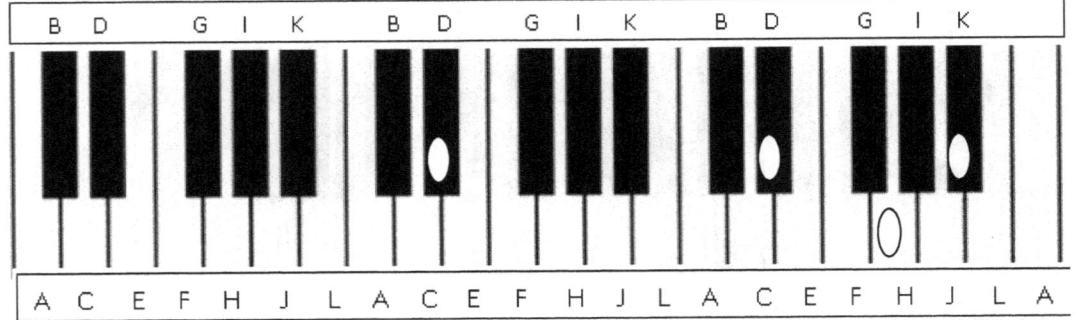

6 (Gb)

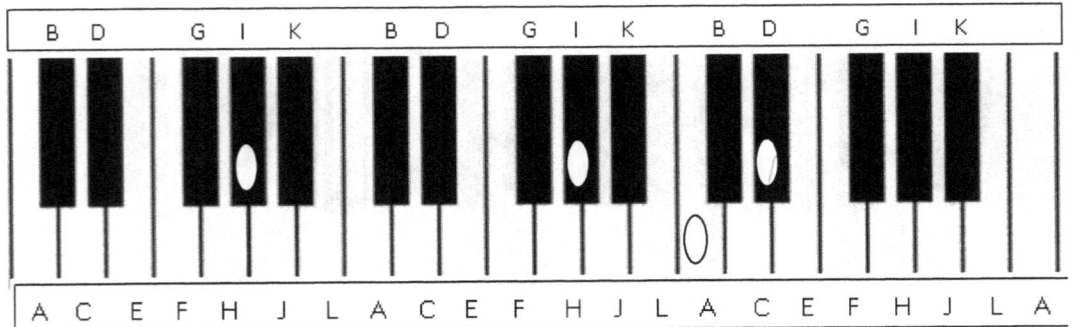

(11) La escala del tono de Re Menor (Dm)

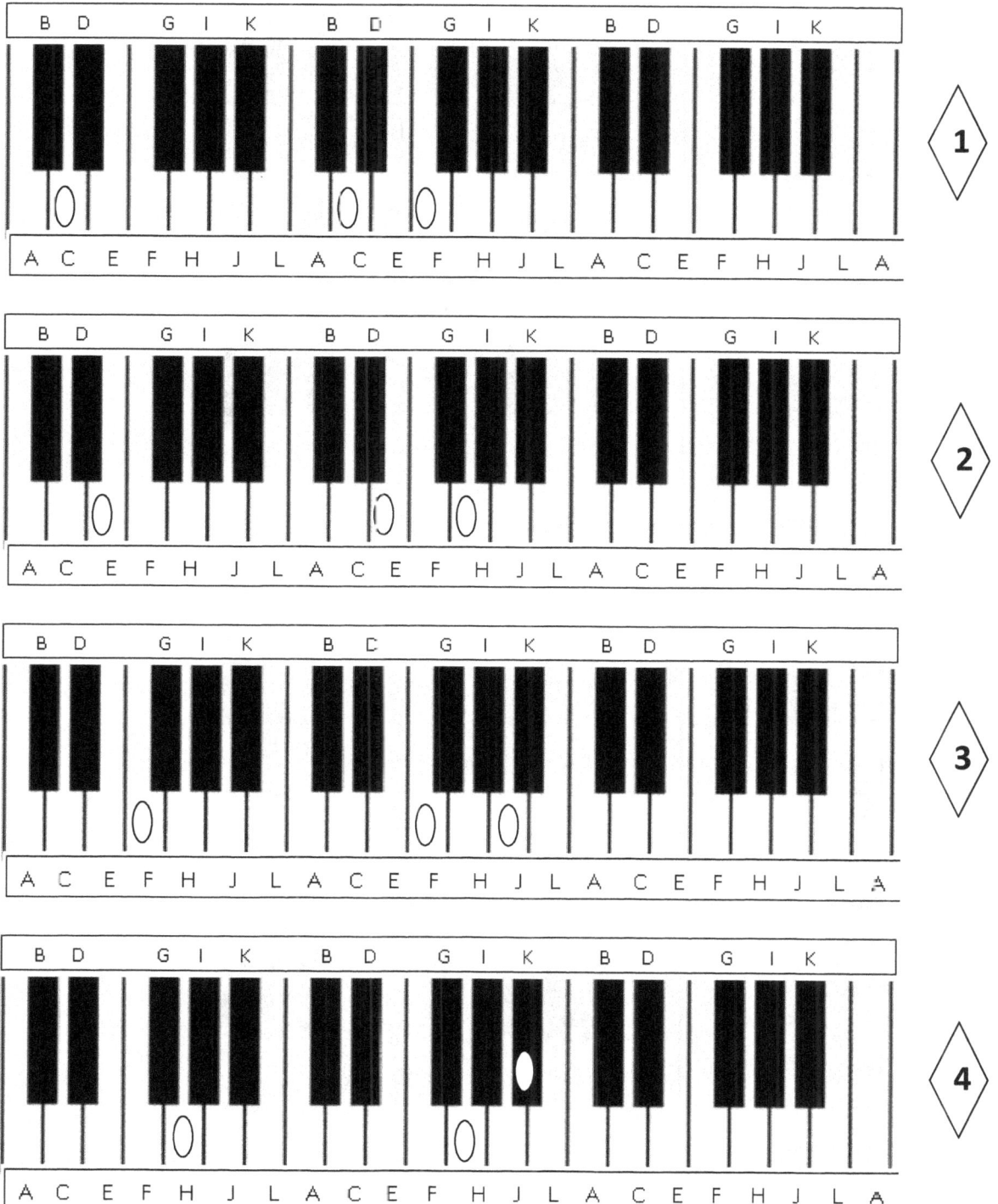

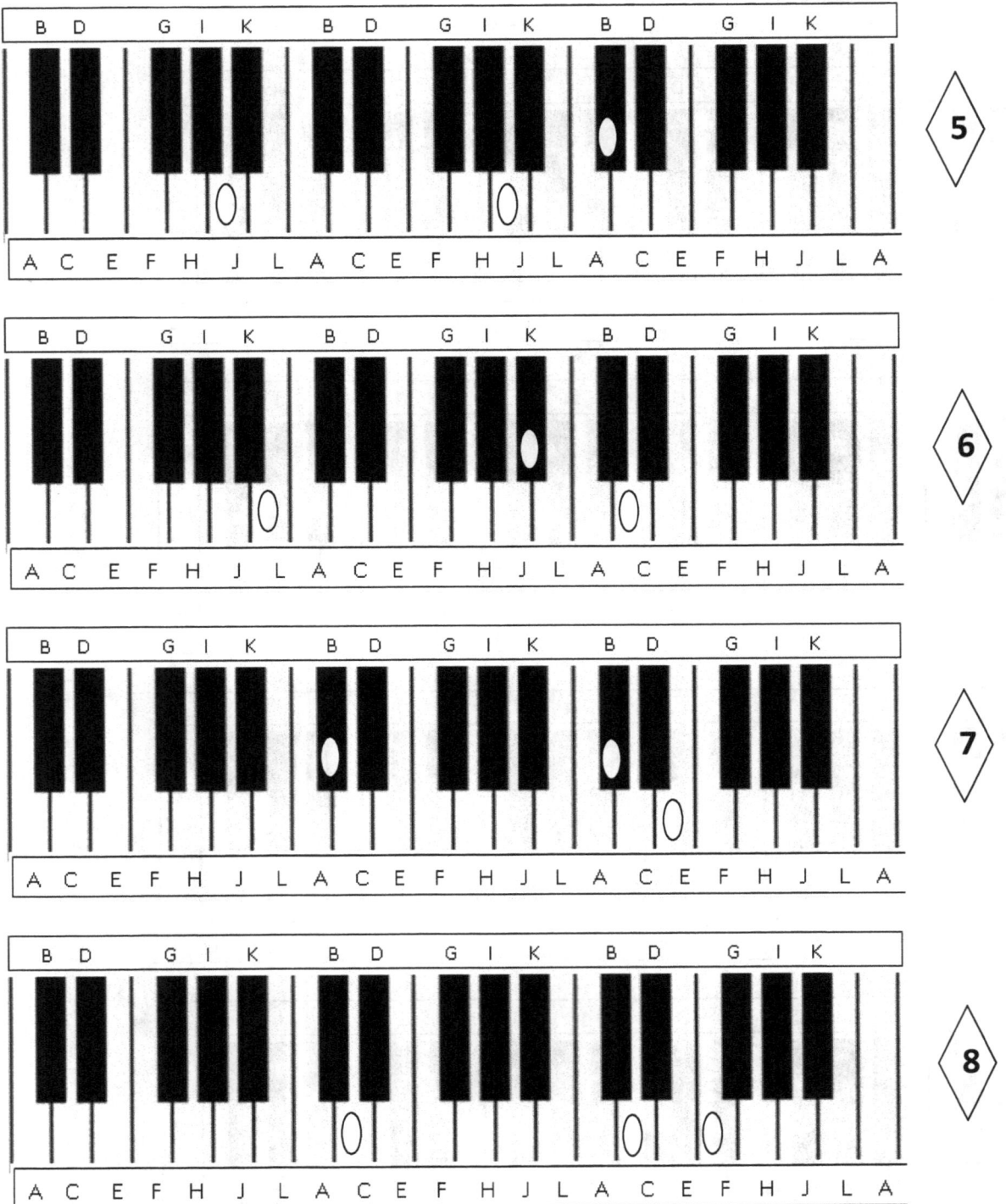

El Círculo de Tonos de **Re Menor (Dm)**

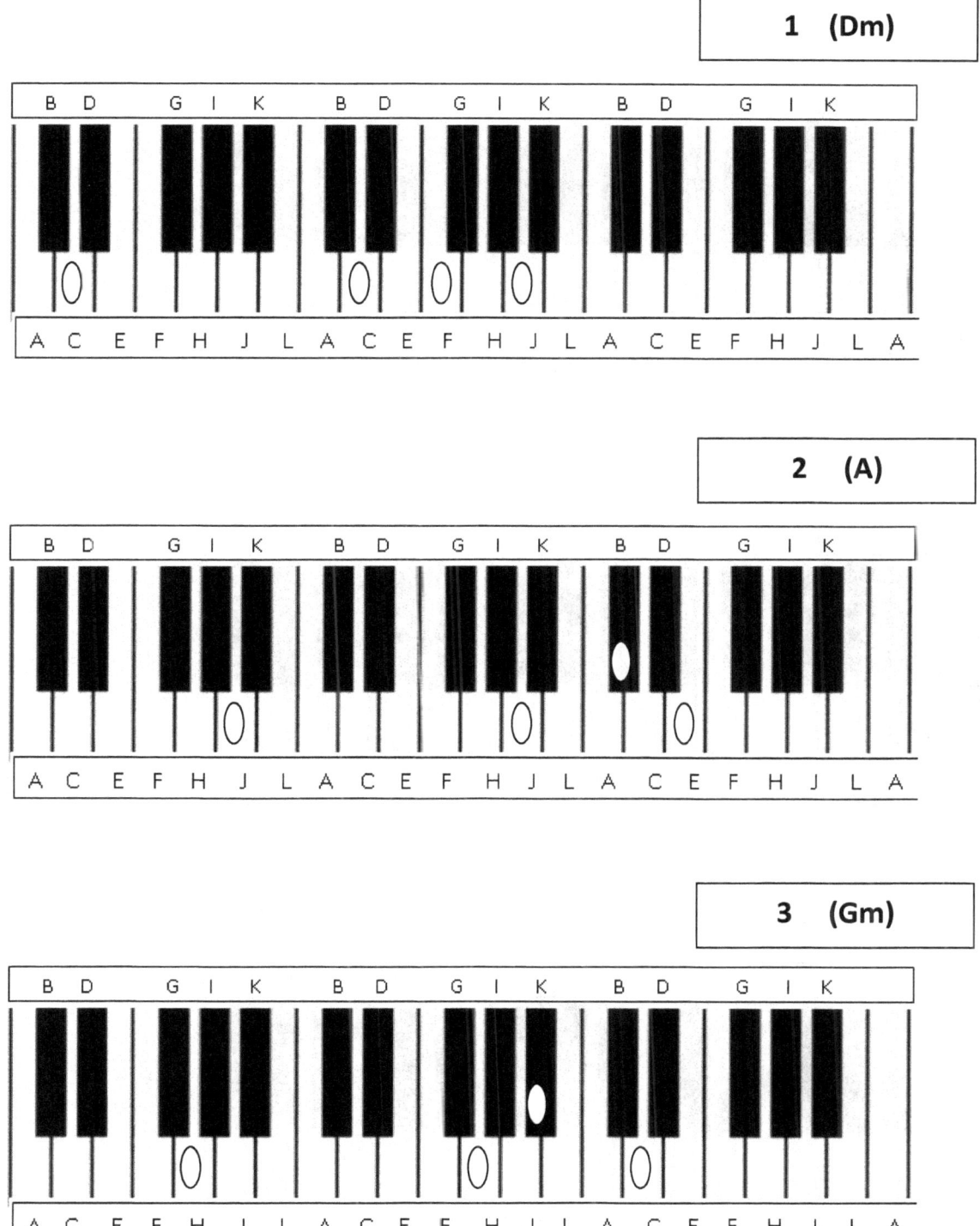

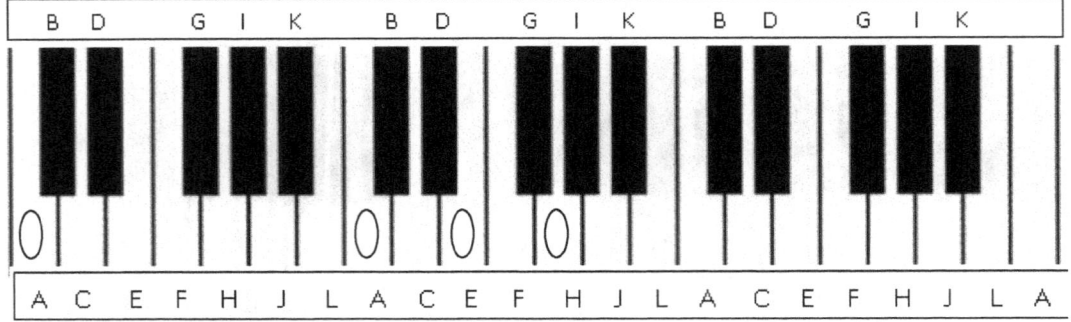

4 (C)

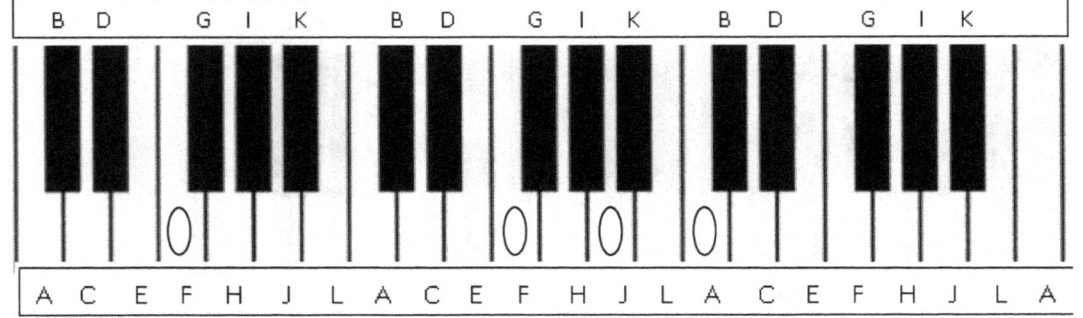

5 (F)

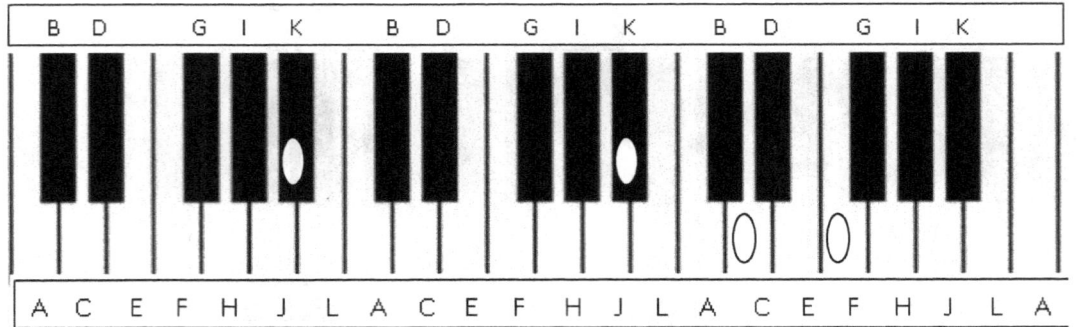

6 (Ab)

(12) La escala del tono de Mi Menor (Em)

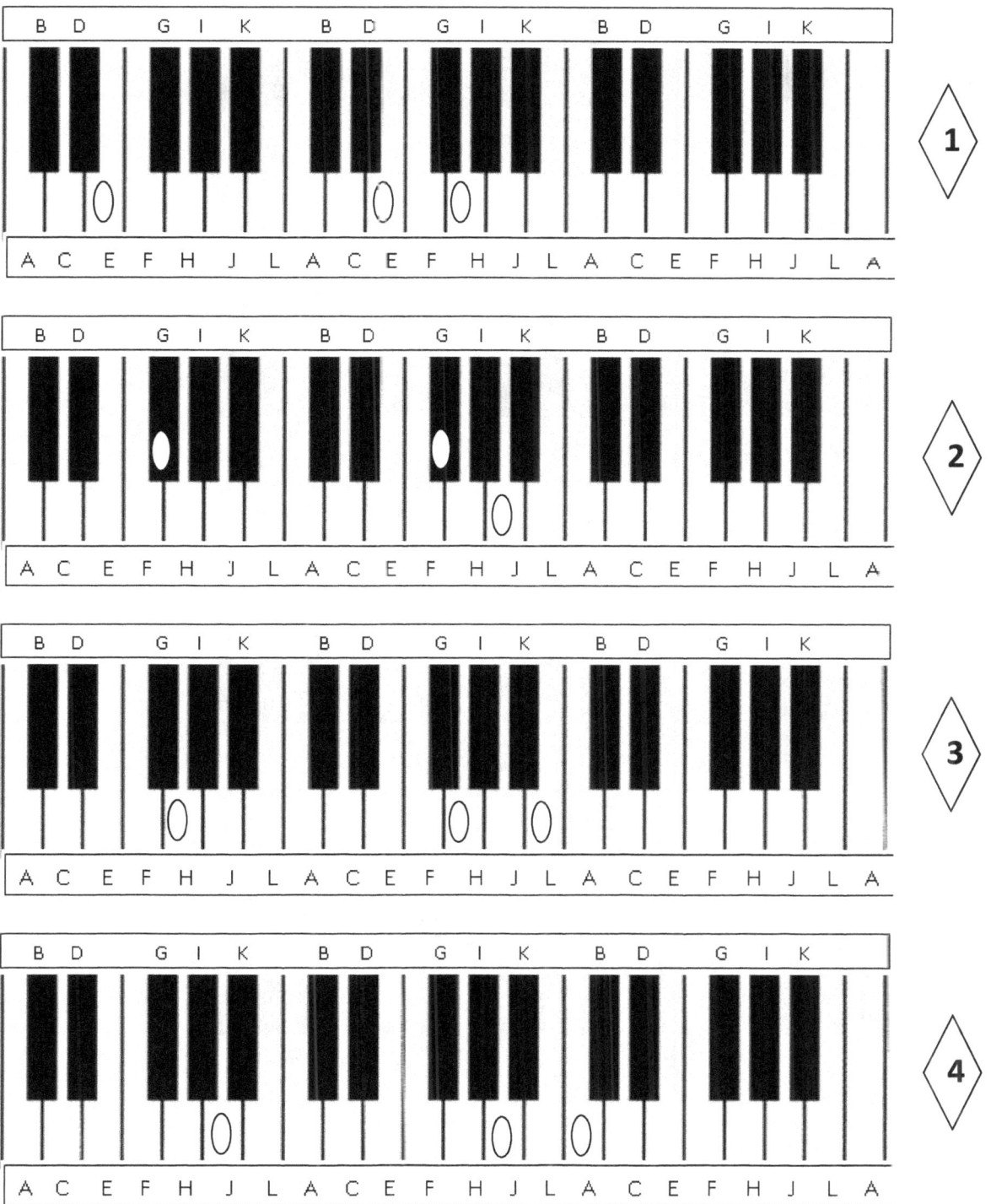

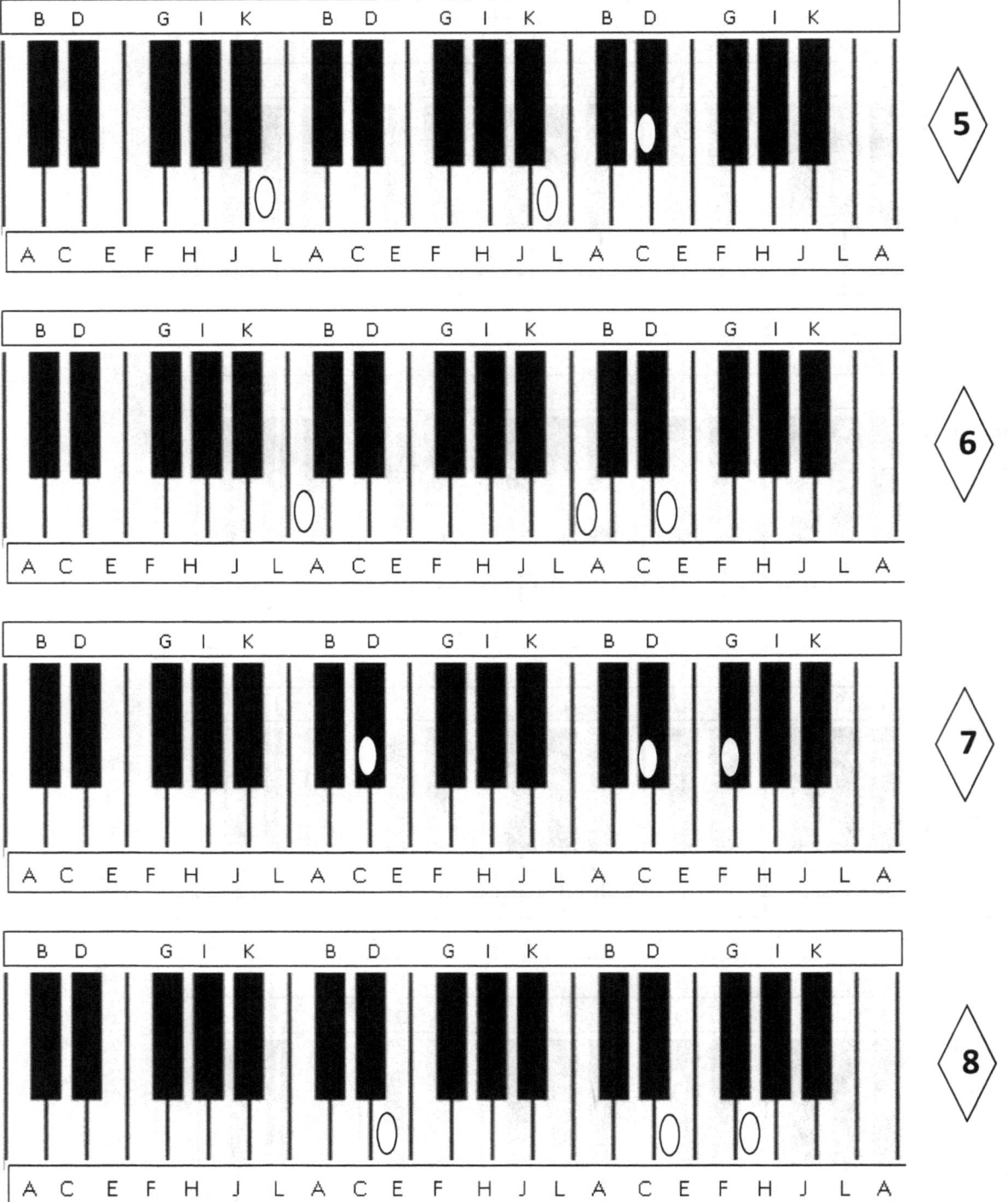

El Círculo de Tonos de **Mi Menor (Em)**

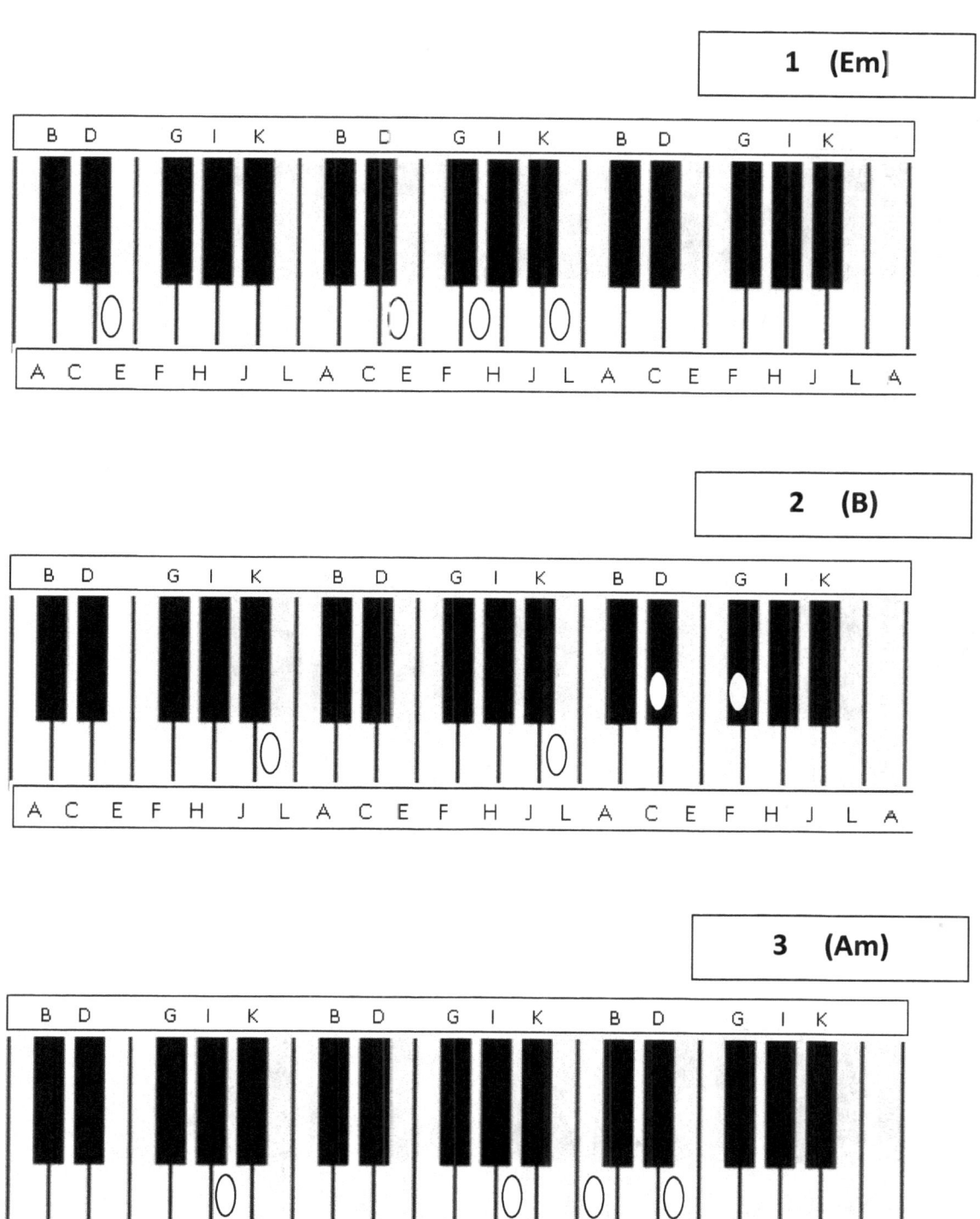

4 (D)

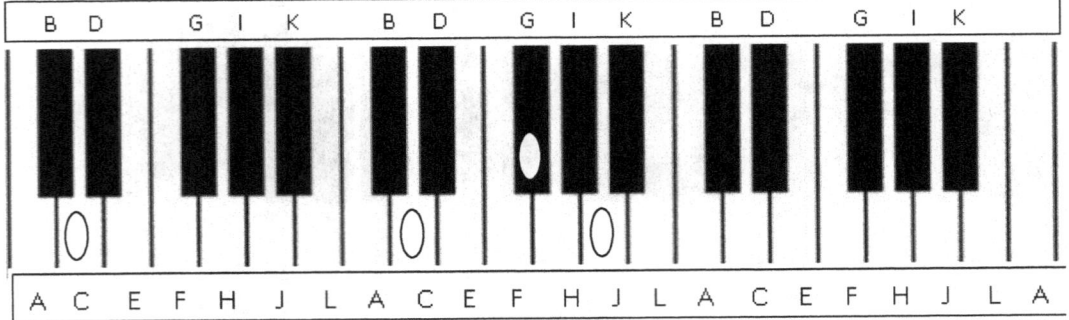

5 (G)

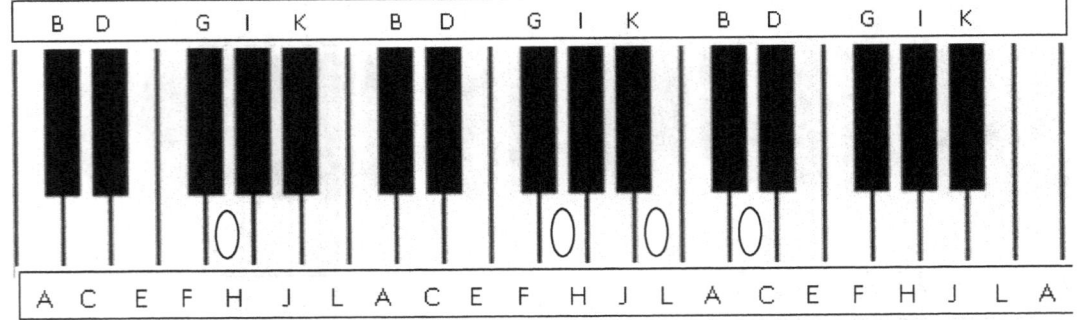

6 (C)

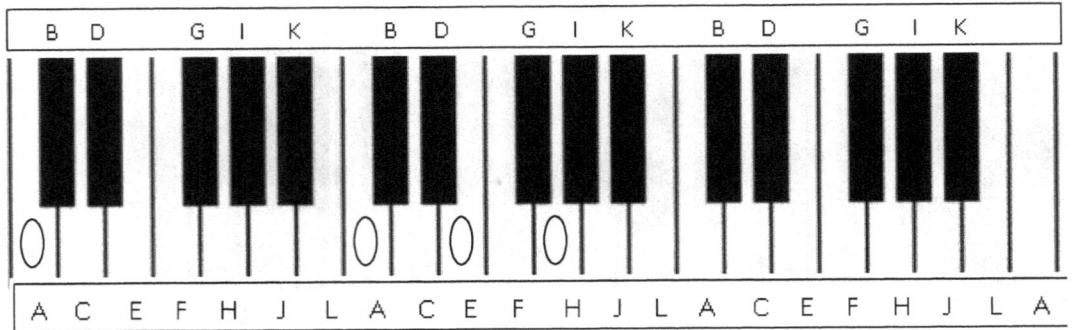

(13)　　La escala del tono de Fa Menor (Fm)

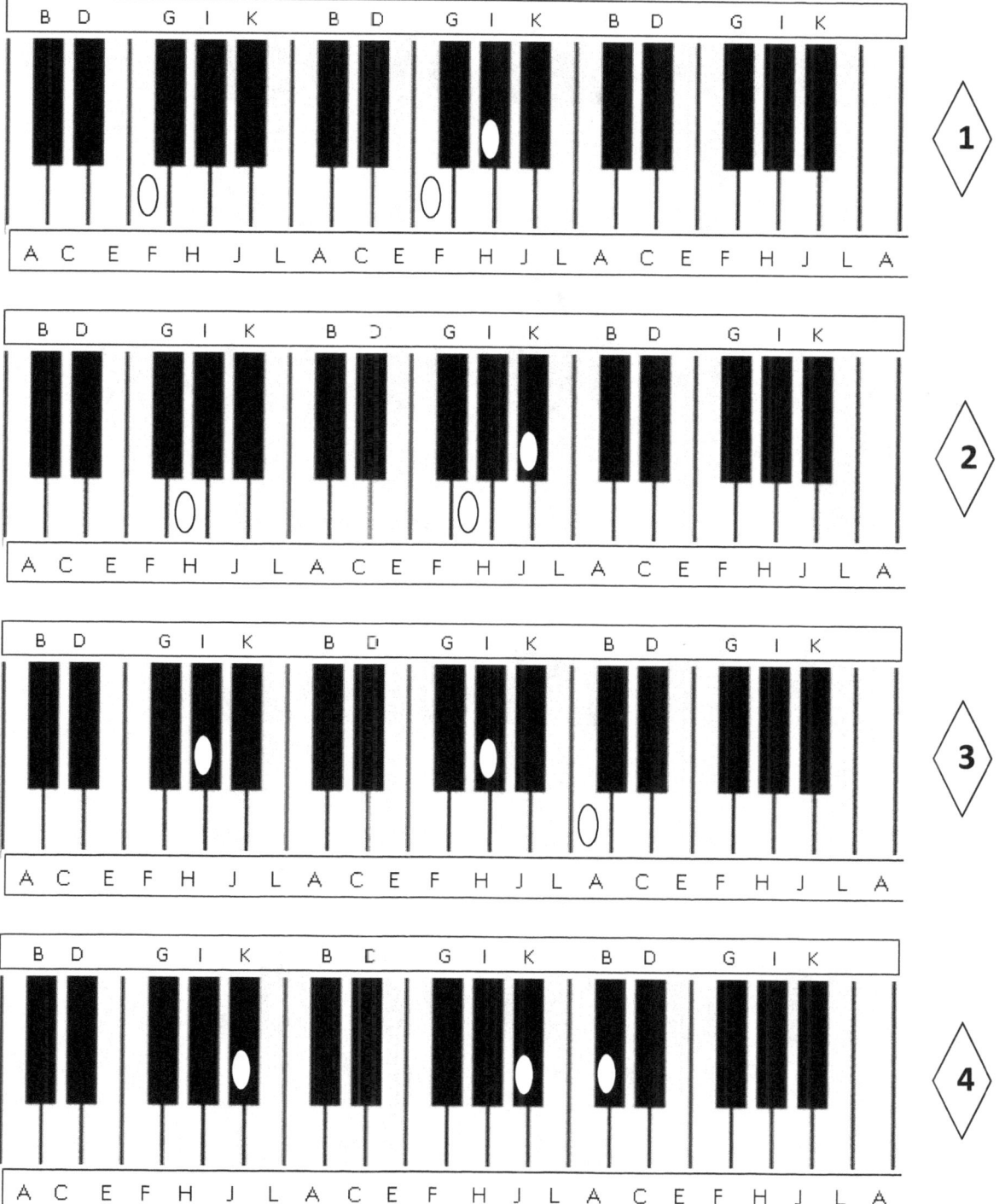

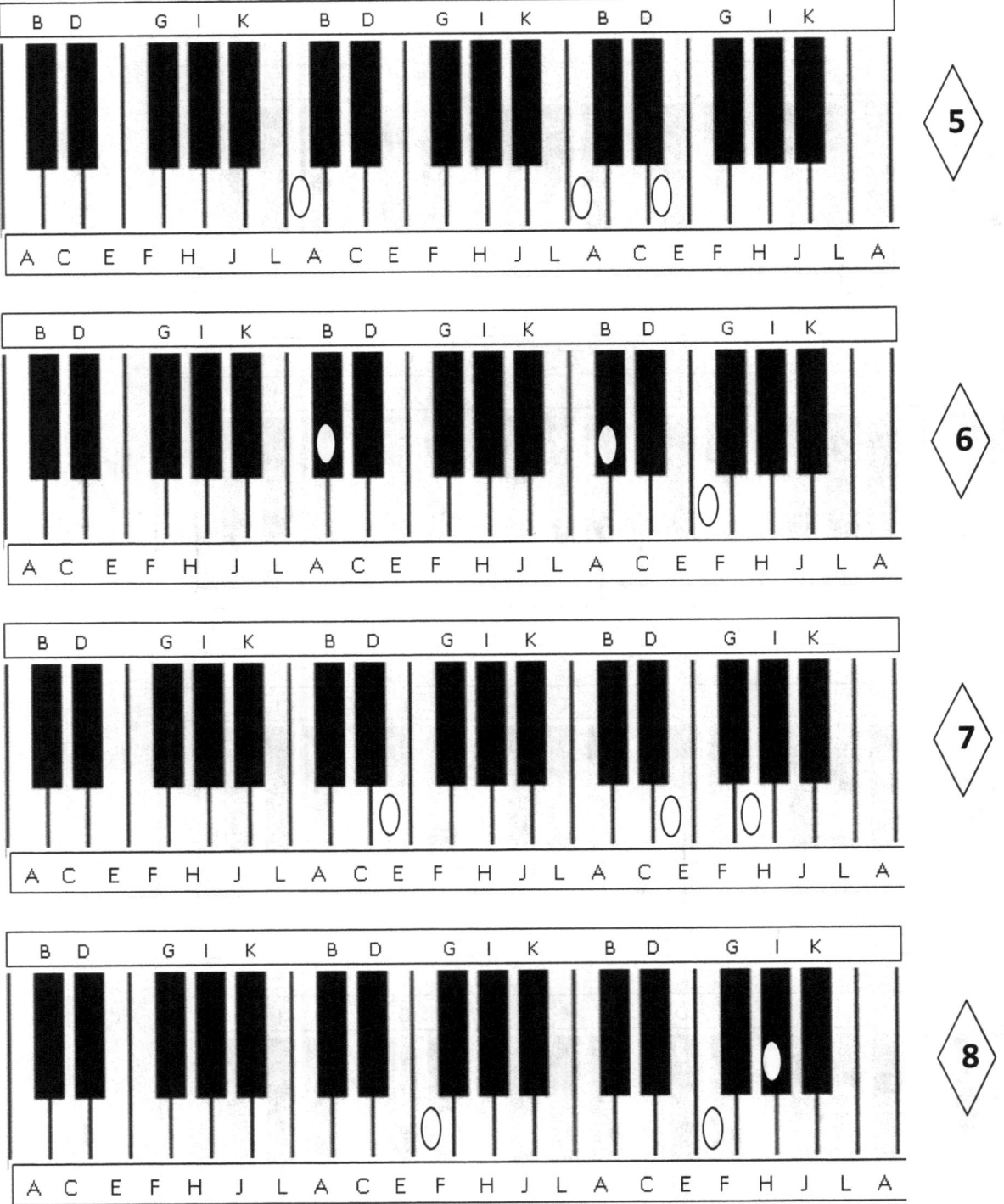

52

El Círculo de Tonos de **Fa Menor (Fm)**

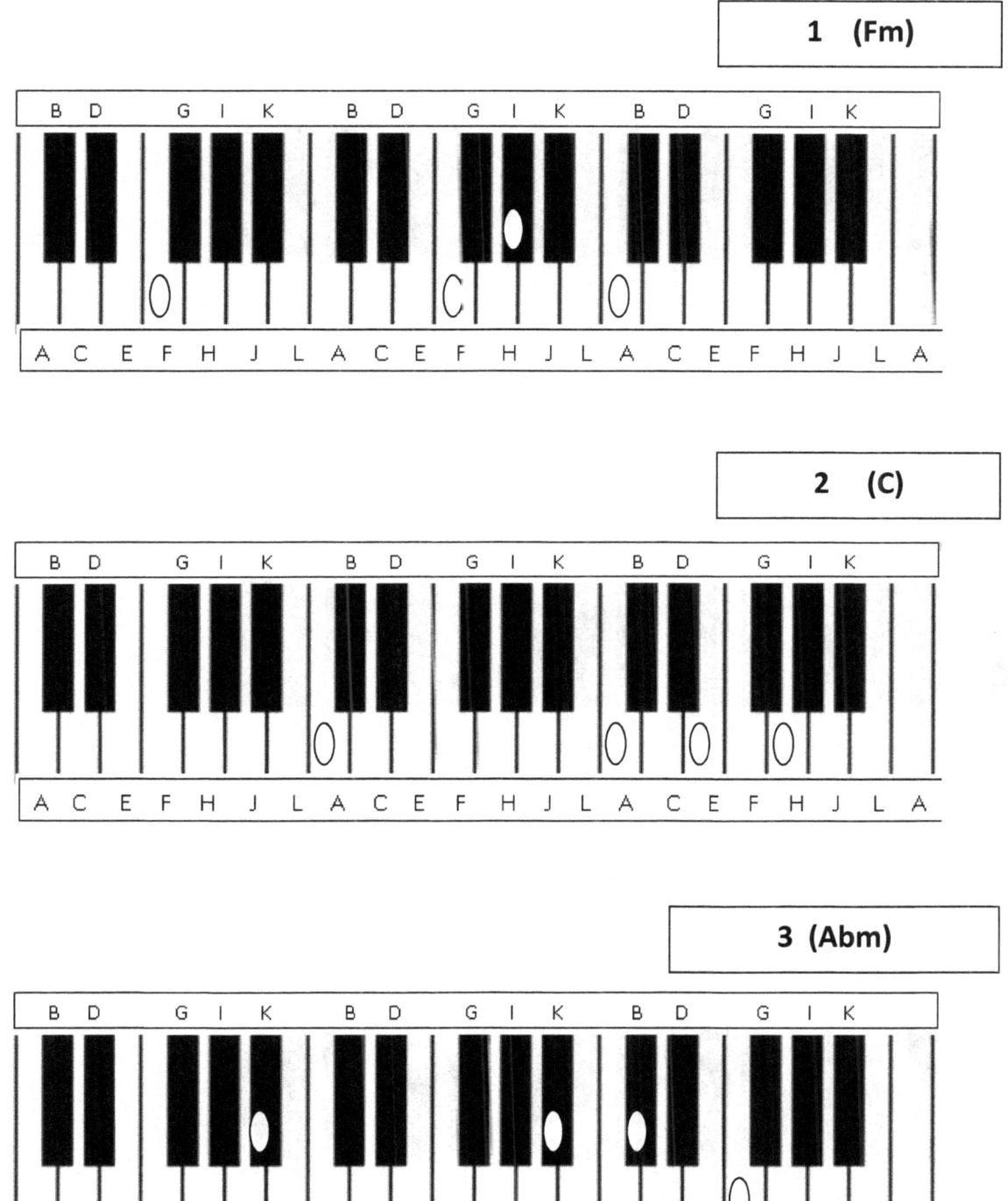

4 (Db)

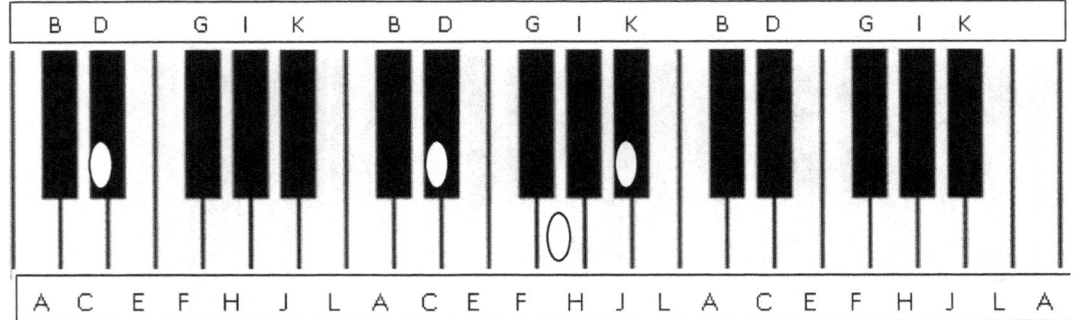

5 (Gb)

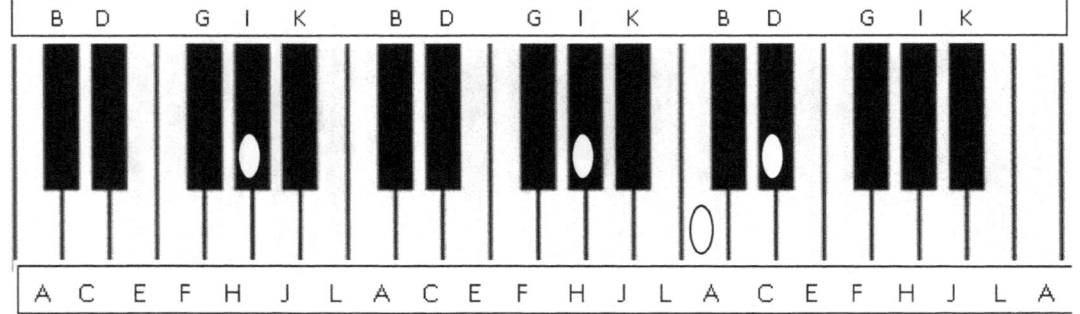

6 (Cb)

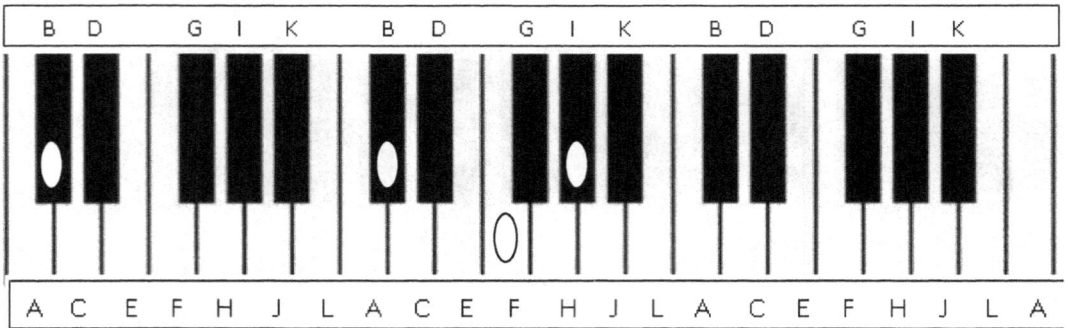

(14) La escala del tono de Sol Menor (Gm)

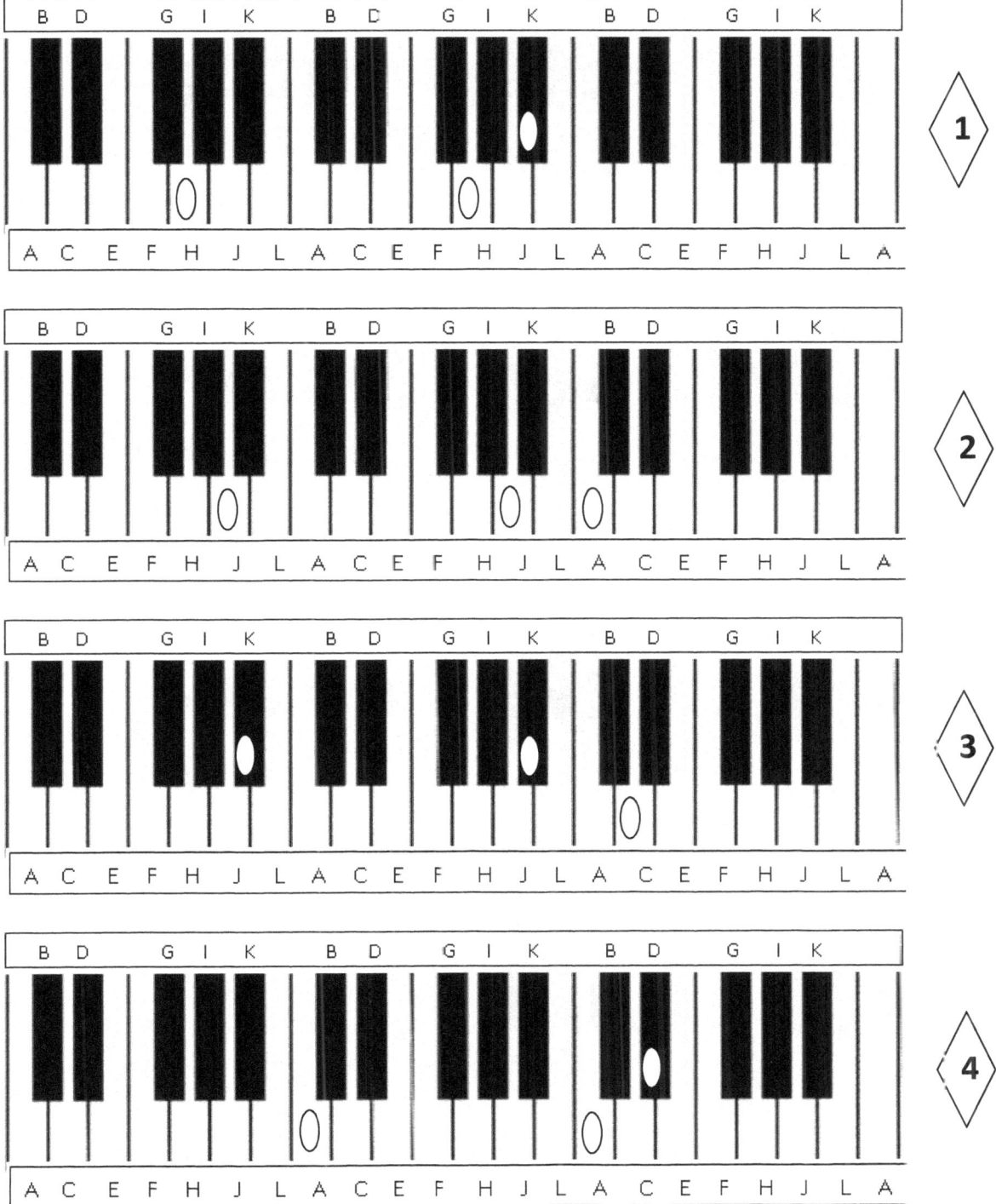

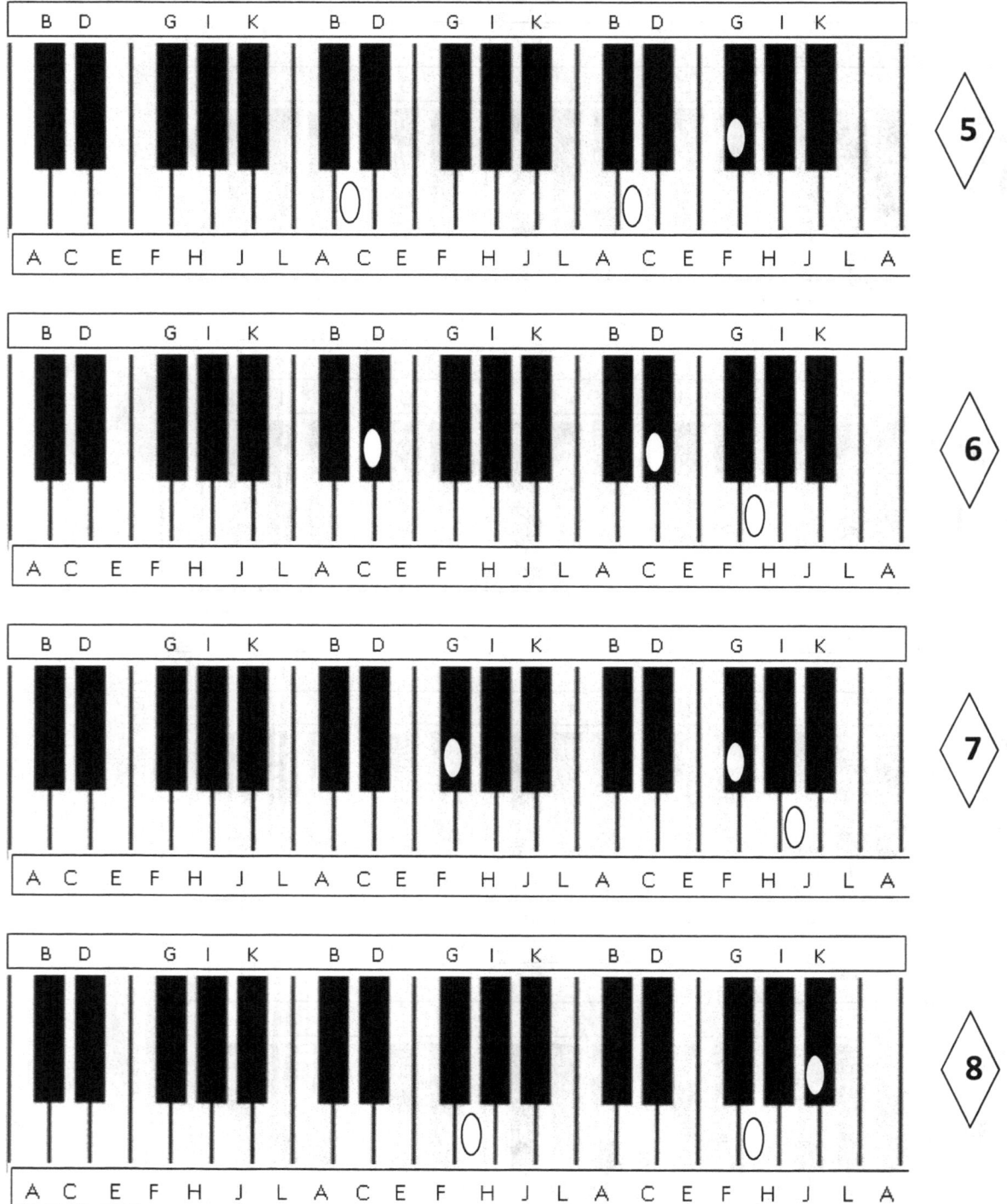

El Círculo de Tonos de **Sol Menor (Gm)**

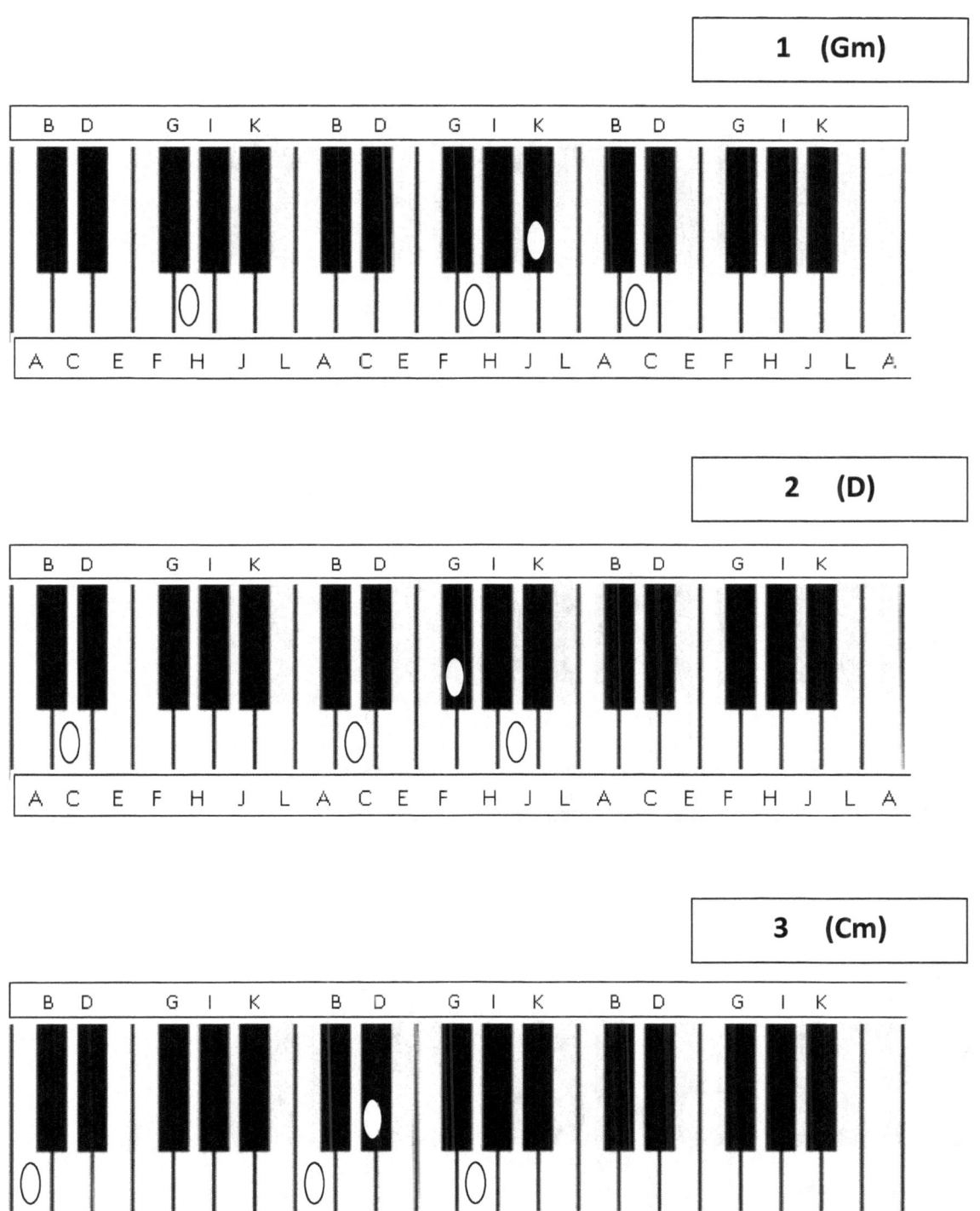

4 (F)

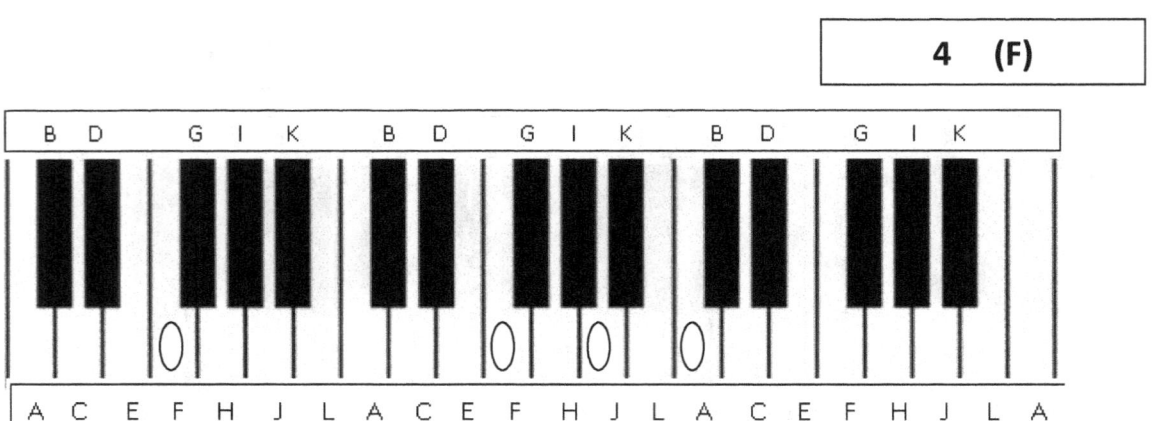

5 (Ab)

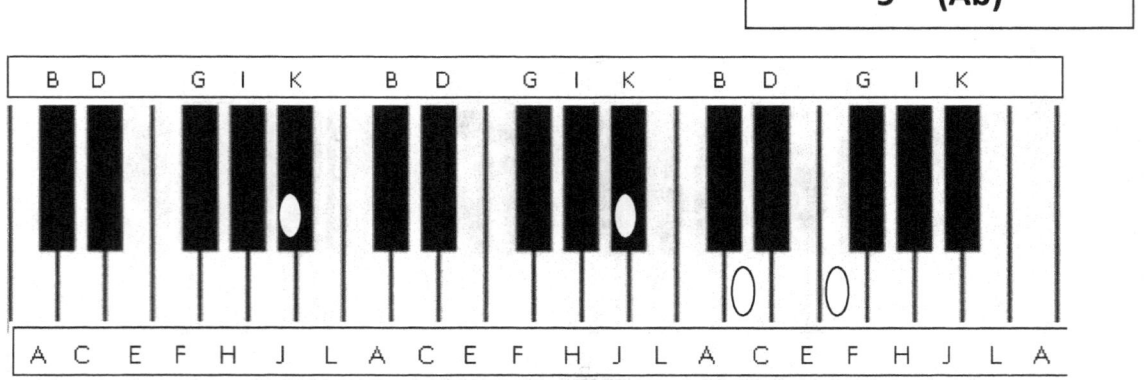

6 (Db)

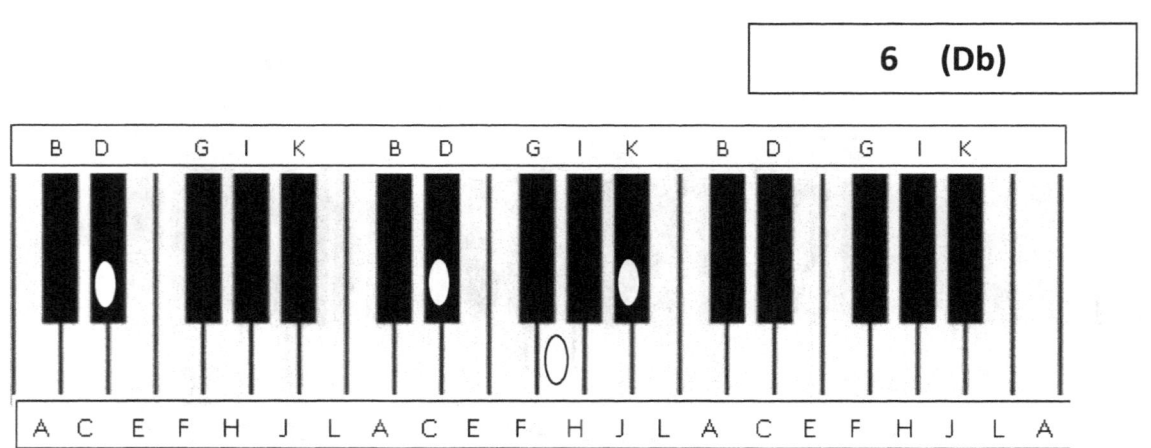

15 La escala del tono de La Menor (Am)

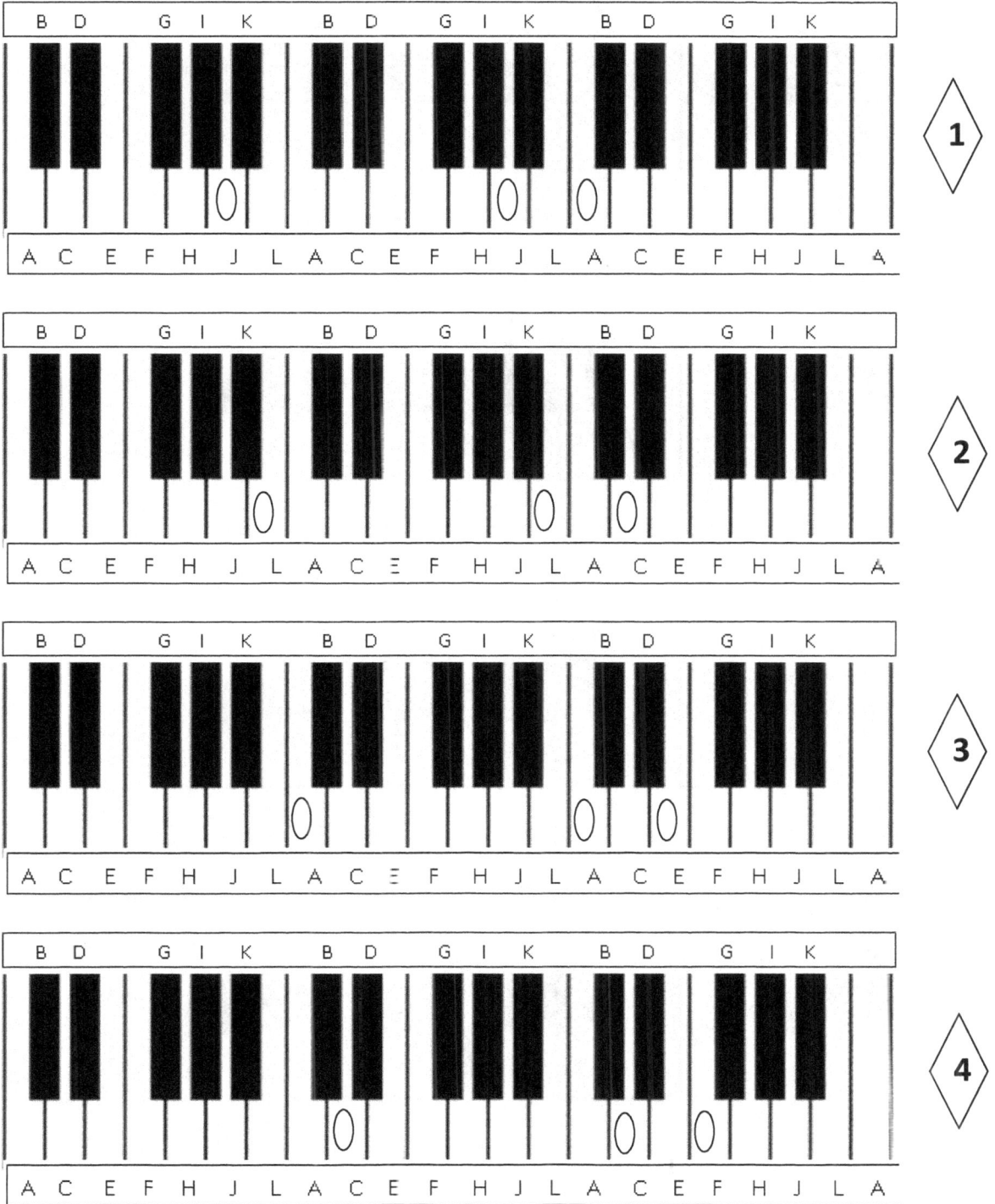

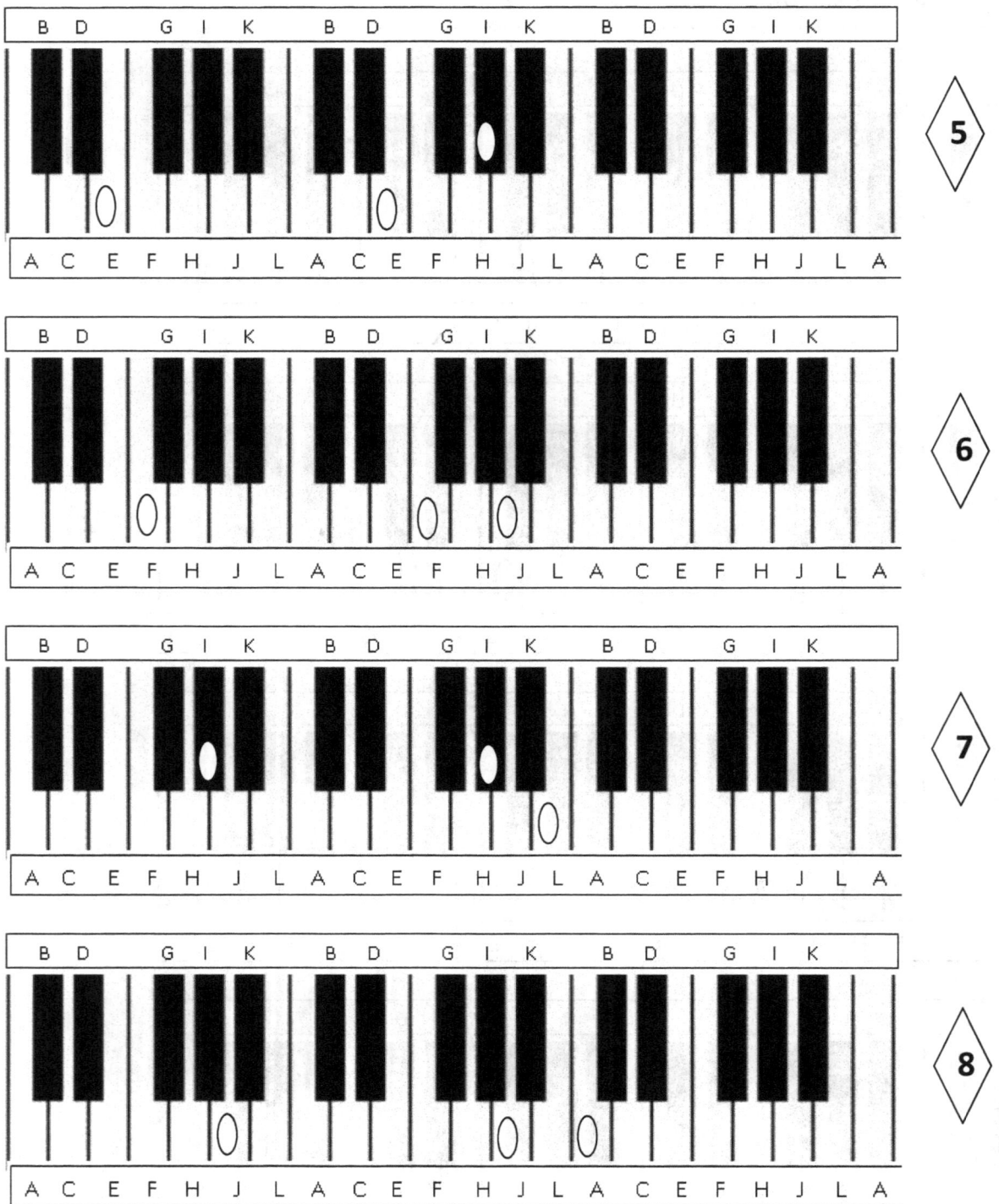

El Círculo de Tonos de **La Menor (Am)**

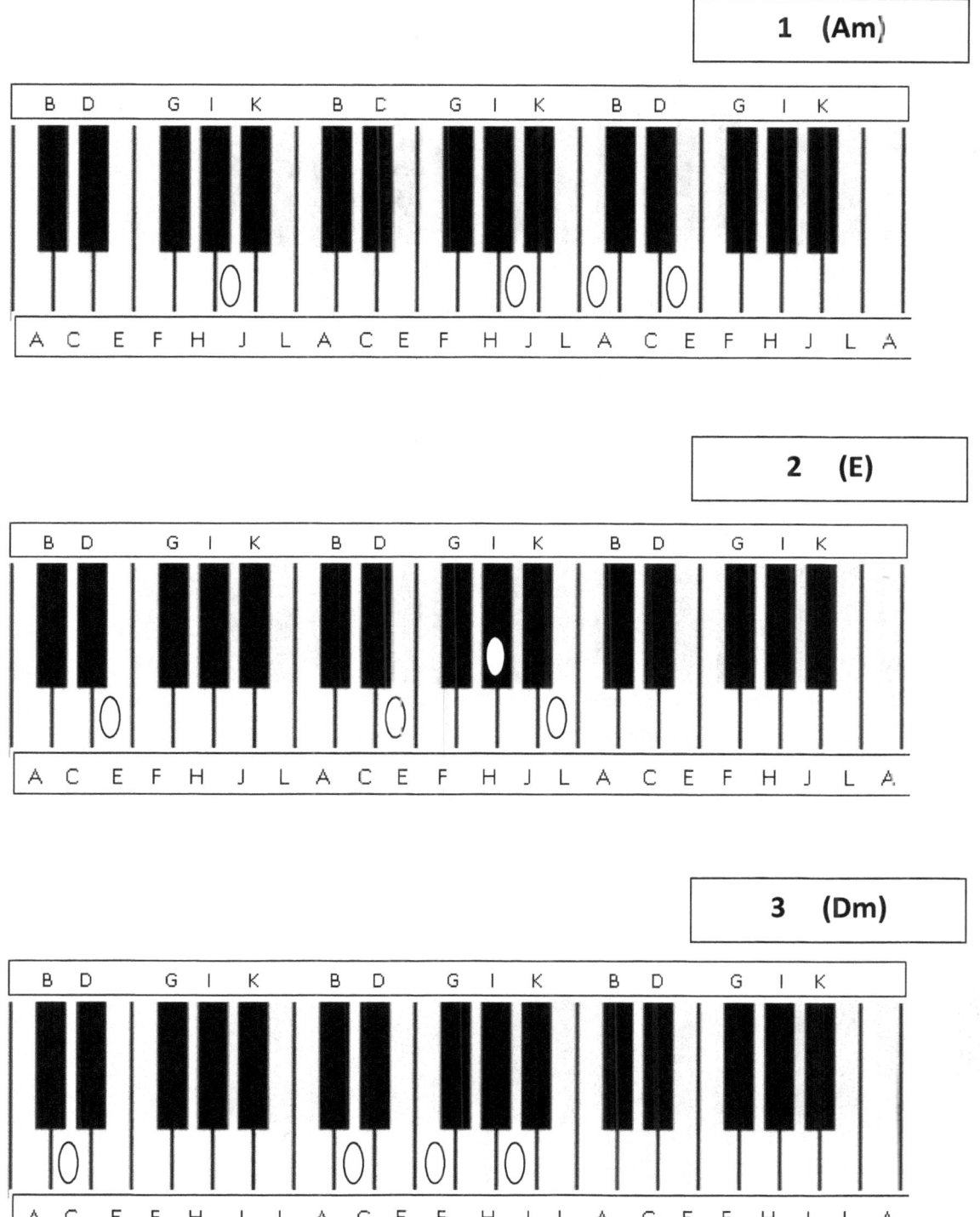

4 (G)

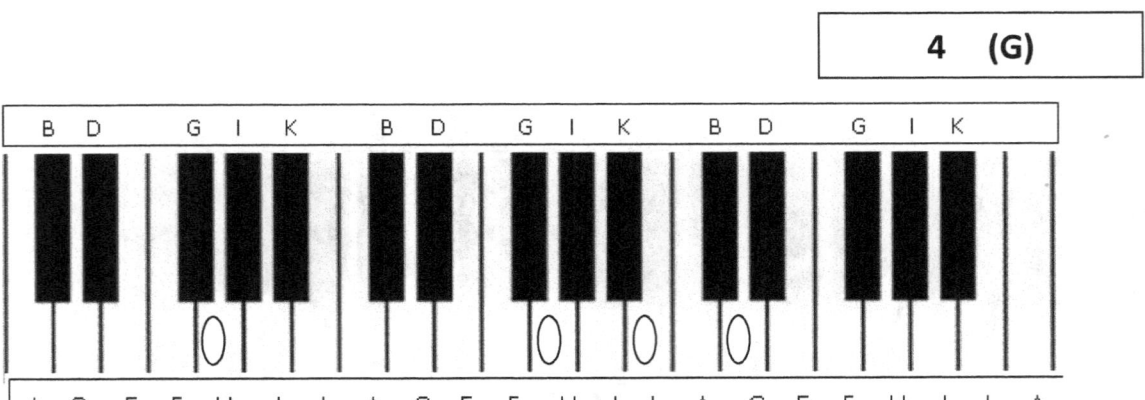

5 (C)

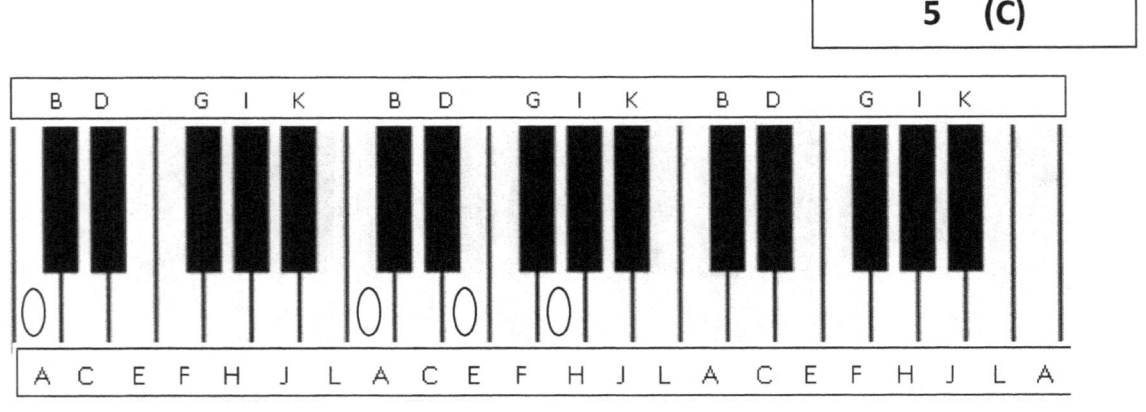

6 (F)

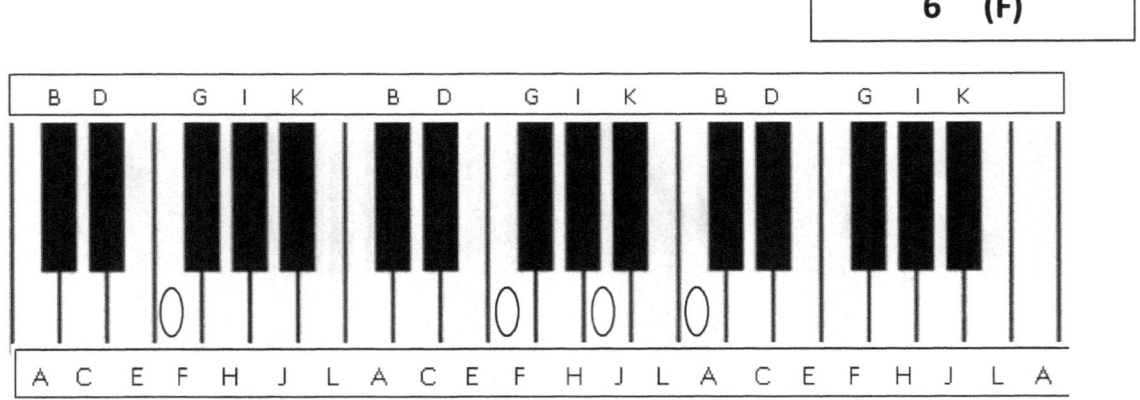

16 La escala del tono de Si Menor (Bm)

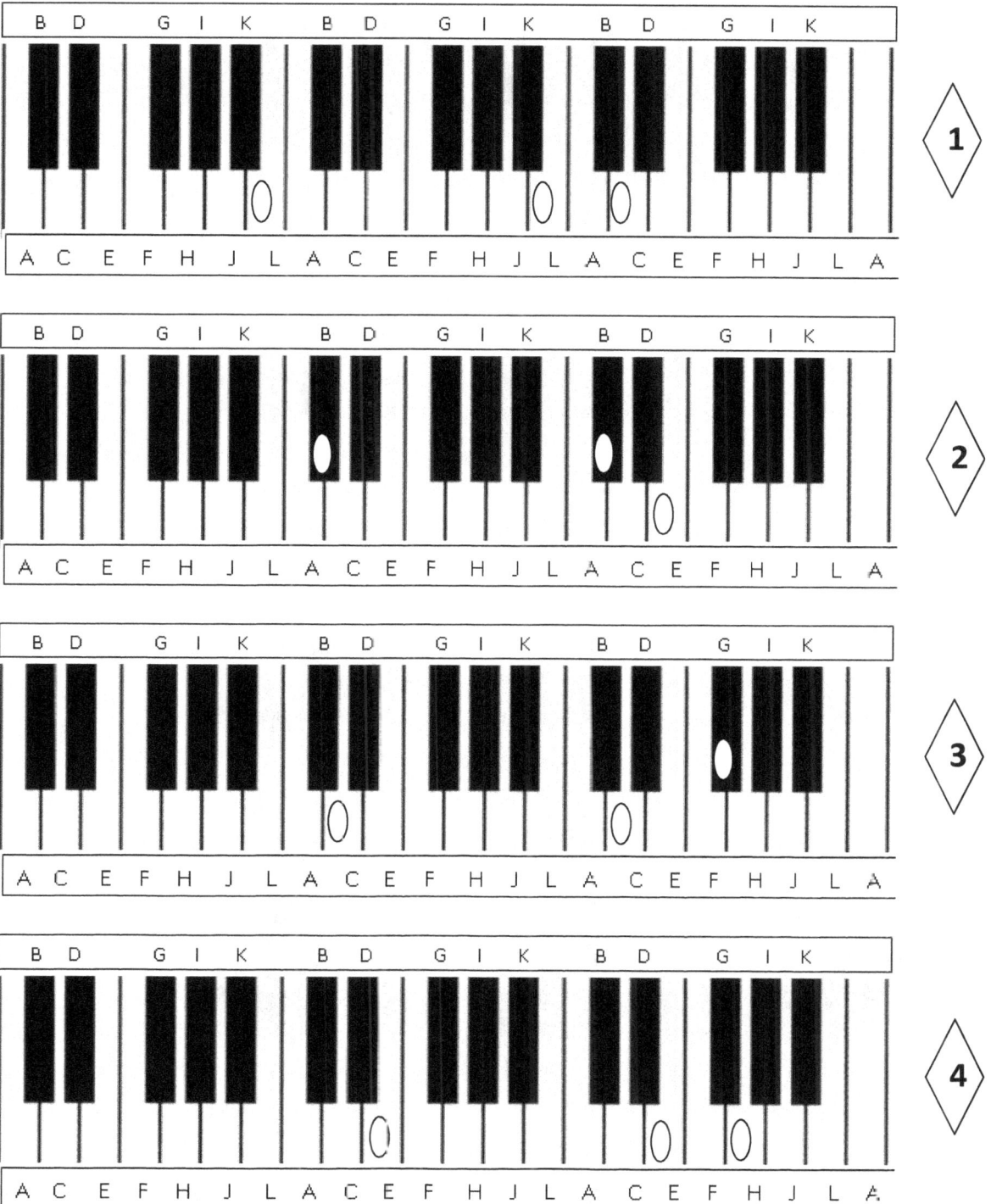

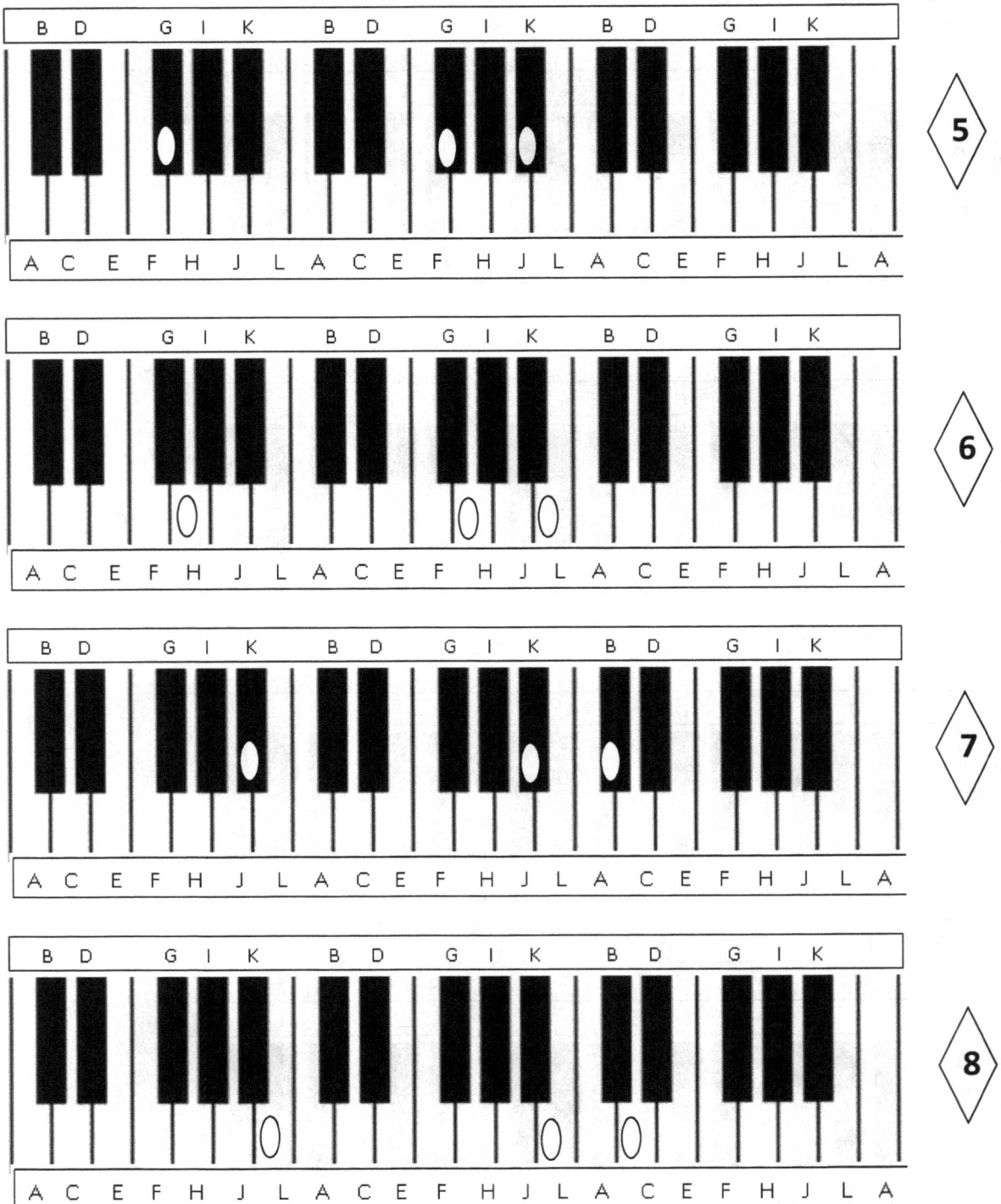

El Círculo de Tonos de **Si Menor (Bm)**

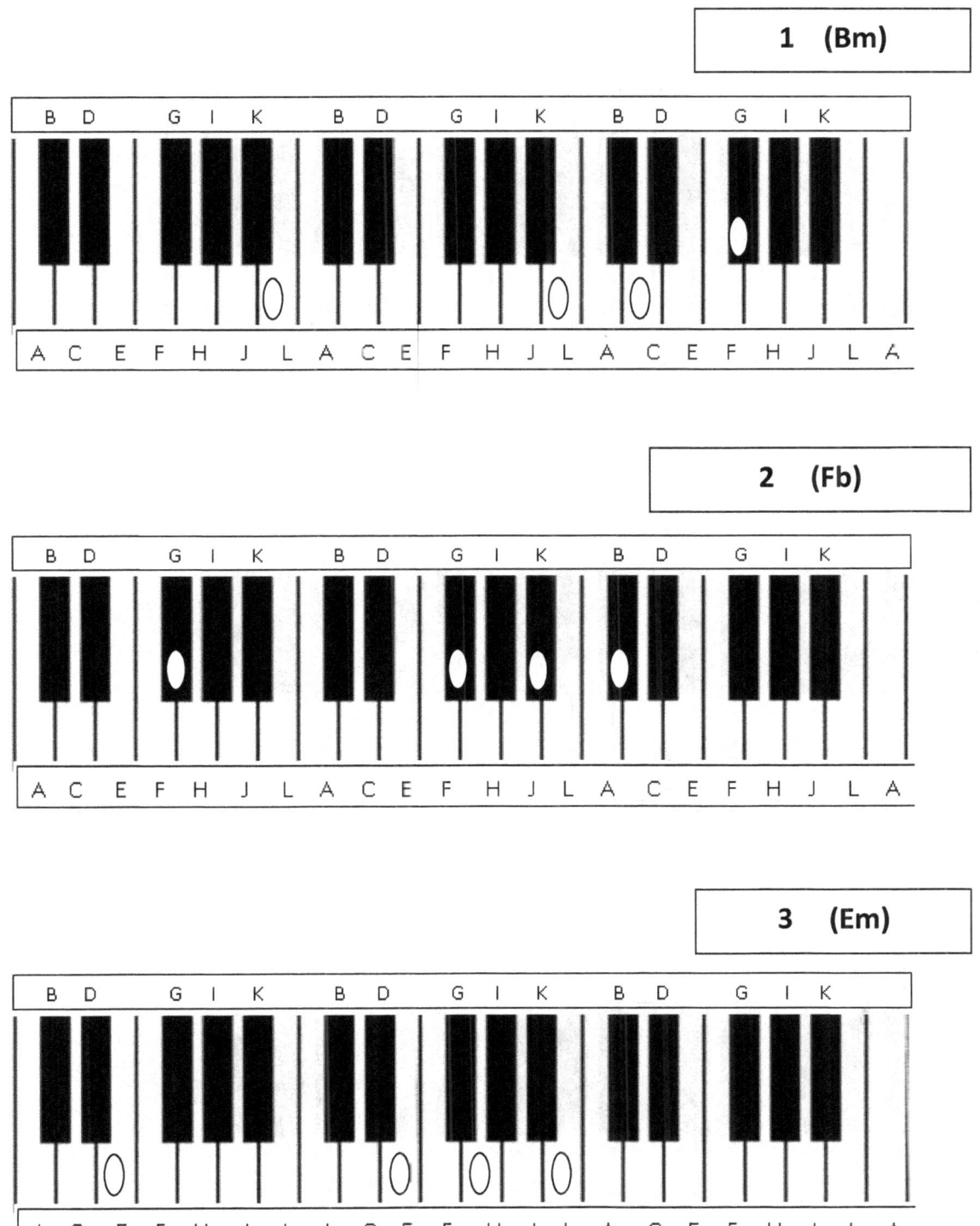

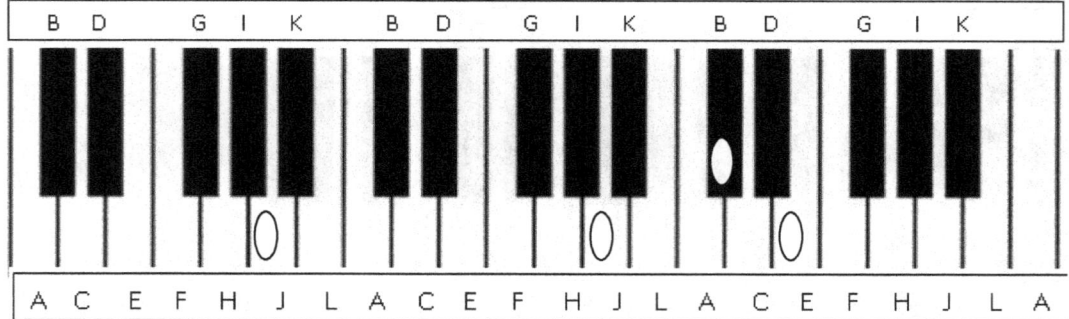

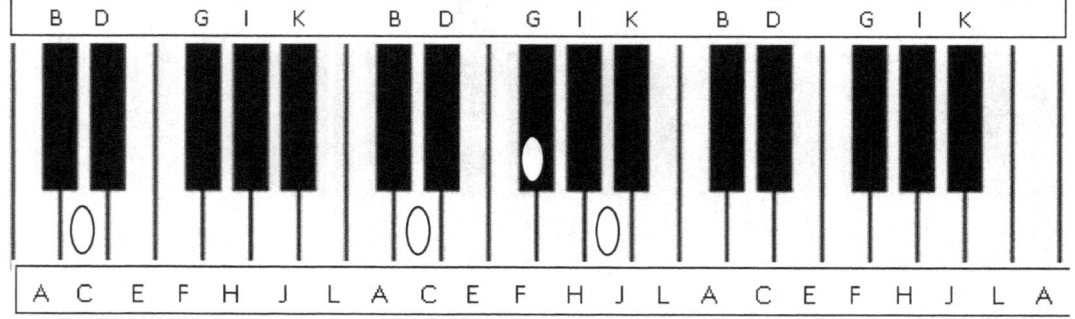

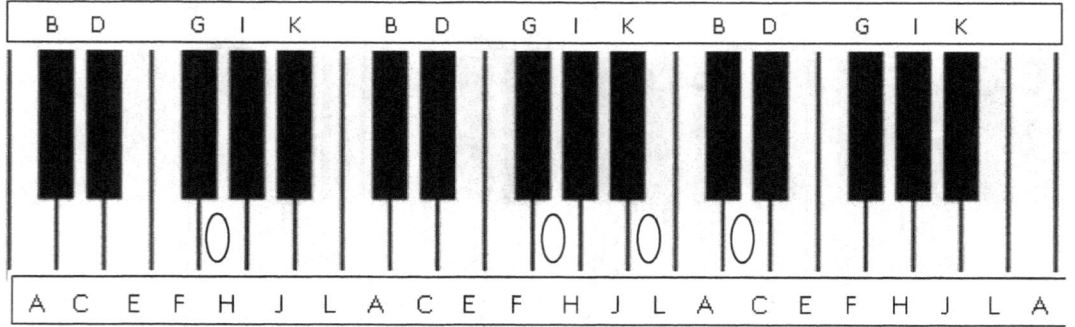

AGRADECIMIENTOS

Agradezco primeramente a Dios por darme todo lo que poseo hasta este día, porque solamente él es capaz de bendecirme y darme lo que nesecito. A mi esposa y mis hijas, por el apoyo incondicional en el ministerio que Dios me ha dado y a usted que con esfuerzo adquiere este manual y no dudo que le sacará el mejor provecho para comenzar su carrera artística. De todo corazón deseo que Dios los bendiga hoy, mañana y siempre.

Atte: Byron Hernández,
Byron198019@live.com

www.ingramcontent.com/pod-product-compliance
Lightning Source LLC
Chambersburg PA
CBHW080408170426
43193CB00016B/2847